U0116489

先秦大師的小故事

葉龍 著

商務印書館

先秦大師的小故事

作　　者：葉　龍
責任編輯：吳一帆
封面設計：涂　慧
出　　版：商務印書館（香港）有限公司
香港筲箕灣耀興道 3 號東滙廣場 8 樓
http://www.commercialpress.com.hk
發　　行：香港聯合書刊物流有限公司
香港新界大埔汀麗路 36 號中華商務印刷大廈 3 字樓
印　　刷：美雅印刷製本有限公司
九龍觀塘榮業街 6 號海濱工業大廈 4 樓 A 室
版　　次：2020 年 7 月第 1 版第 3 次印刷

ISBN 978 962 07 5754 9
Printed in Hong Kong

目錄

儒家

孔子

孟子

荀子

道家

老子

范蠡

列子

莊子

法家

墨家

縱橫家

蘇秦

張儀

兵家

孫武

司馬穰苴

孫臏

吳起

尉繚子

雜家

呂不韋

醫家

扁鵲

儒家

孔子

謙虛請益　學無常師

孔子，名丘，字仲尼，魯昌平鄉陬邑人。孔子的生卒年代是公元前五五一年至公元前四七九年。雖然孔子的生年在歷史上有不同的說法，有一兩年的出入，但對孔子的年壽，與世運之升降，學術之流變，沒有甚麼影響，我們也不必去深究了。

孔子三歲喪父，孔母把他帶到外婆家山東曲阜，因此孔子在母親的撫育下長大。在曲阜度過了他的青少年時代。

由於孔子出生於沒落的貴族家庭，加上父親早逝，所以孔子十多歲時就得出來謀生，幹過不少被認為卑微的職業。例如牧牛童、吹鼓手，也當過管理牛羊的「乘田」，和看守倉庫的「委吏」。但是，孔子了不起的地方是，他在艱苦的謀生之餘，能勿忘力學不懈。一方面利用在貴族家中任職的機會，讀到了尚未公開普及的經書，一方面謙虛地向多方面請教學習。他並無門戶之見、不囿於一家一派，只要學有專長的學者長輩，他都謙虛地向他們請教，例如郯子、老聃、師襄、萇弘，都曾是孔子所請益求教的對象。

孔子學無常師的學習精神，正如胡適之先生說的「為學要如金字塔，要能廣大要能高」。孔子做學問的基礎之能博大深厚，就是基於這種態度。所以孔子說：「三人行必有吾師。」又說：「我不如老農夫，我不如老園丁。」孔子之所以博學，秘訣在此。試想，做任何一種行業，經商或者搞企業，有孔子這種好學不倦的精神，哪會不成功呢！

一技傍身　多技更佳

一般中國人的傳統觀念，一個人不可能十八般武藝，樣樣精通。只要有一技之長，便可無往而不利。事實上，這種觀念也並非對。不但現代人須具備多元化的技能，即使古人何嘗不然。

就以孔子來說吧！孔子著作六經、精通六藝。這禮、樂、射、御、書、數六藝，照現代學術的分法，就包括了音樂學系、體育學系、藝術學系、會計學系、軍事學系……等等，可見孔子並非專精一門。

史籍記載，孔子有三千弟子，其中出類拔萃的有七十二人。孔門中分為德行、言語、文學及政事四科，等於現在的政治學系、外交學系、語言文學系等。孔子能訓練出三千弟子，雖然不是短短三兩年可以做到，但也不失為一位大學校長。孔子不但可身兼上述各系主任，而且也兼文學院院長、商學院院長、社會科學院院長……孔子不啻是一位全能的大學校長。所以一個人可以身兼數職，可以精於多種技藝，是古已有之的，孔子便是最佳的例子。

多技傍身　時代俊傑

上節談到孔夫子的多才多藝，其實《論語》中早就說過。因為孔子是「瞻之在前，忽焉在後，博學而無所成名」的。你說他是大政治家吧，不錯，但他絕不是僅僅大政治家那麼簡單。說他是大思想家、大教育家、大文學家、大史學家、大哲學家……絕不會有人反對。所以孔子實在是身兼多「家」的。

現在再給孔子一個「大音樂家」的頭銜。可能有人會懷疑，如果讀者接受我的解釋，相信大家也會同意的。

首先孔子主張禮、樂並重，因為「樂是天地之和，禮是天地之序」。所以孔子希望世人「立於禮，成於樂」。孔子提倡樂育很熱心，因為「移風易俗，莫善於樂」。孔子有一次到武城，看見一班弟子們聚在一起，有的奏琴，有的唱歌。孔子非常讚賞這種大眾化的音樂風氣。

孔子不但重視音樂，而且欣賞音樂的能力很強。他到齊國有一項大收穫，就是聽到韶樂，竟三月不知肉味。孔子也精通樂理，曾與魯國樂官討論樂理，而且談得很透闢。他對音階音律音色等，無一不精微入妙。孔子曾訪樂於周大夫萇弘；學琴於魯樂官師襄；孔子還會奏瑟，也能擊磬，也能取琴而歌。孔子實在是一個大音樂家。

處於今日這時代，多技總比一技好。如果孔子在今天，一定比我們更能適應潮流。一個人多識幾種本領，有助於成為識時務的俊傑。

老有所終　幼有所養

孔子一生憂國憂民，他很想為國家為人民施展他的抱負，可惜不得志，既然不能兼善天下，便只好獨善其身了，只好把他一生的理想與抱負寄託在下一代身上了。

在《禮記・禮運》篇中，孔子表達了他心目中所期望的一個富強康樂國家的藍圖，大意如下——

古代實行大道，天下是天下人所共有的，天下不是一人一家私有的。元首選拔賢能者出而治理國政，人人講求信實，和睦共處。不但要愛自己的長輩和子女，並且也要愛別人的長輩和子女。

在社會上，使老年人可以安心頤養天年；青壯年能充分發揮各自的本能；兒童們受到良好的撫養和教育。鰥夫、寡婦、孤兒、獨身和傷殘者都能得到良好的照顧和安頓。男人各自盡力於工作崗位；女人料理好各自的家務。

財物不可隨意廢棄在地上，但也不必自己貪圖獨得；有力氣者應該慷慨出力，但絕不是為了一己的利益。於是人人竭誠相處，世間不再有妒忌與紛爭，也沒有陰謀與鬥爭。於是盜竊亂賊都不見有一個，已到達了夜不閉户，路不拾遺的境界。

以上就是孔子所嚮往的理想大同世界，也是人人所希冀的一個安和樂利的太平盛世。

孔子心目中所憧憬的理想社會，似乎非常注重社會福利事業，使老年人可以安享晚福，中、壯年人沒有失業，少年兒童無一失學，無依靠的傷殘者都無憂衣食。相信國家要撥出一筆相當大的款項才能維持如此的局面，所以孔子主張國家富有。

先富人民　節約救災

國不富，便無法實行龐大的福利事業。所以孔子認為使國家經濟充裕仍是首要之務。

有一次，魯哀公問孔子當如何處理國政。孔子答以「為政者的當務之急，是要使人民富有而長壽」。魯哀公再問，要怎樣才能使人民富而壽呢？

孔子答道：「盡量減少徵用人民的勞動力，也要少向人民徵收各種賦稅，這樣，人民就會富庶起來的。另一方面，要加強禮樂教化，人人遵守禮法，不犯罪，小心飲食起居，預防疾病發生。如此，則人民就可以長壽而健康了。」

魯哀公聽了孔子這番意義深長的話，卻擔心地說：「寡人如果切實去執行夫子這套理論，恐怕我們的魯國要窮困了。」

孔子答道：「《詩經》中不是說過嗎？『和藹可親的君子啊！真是人民的好父母官呀！』我從未聽人說過兒子富有而父母貧窮的。」

所以，先使人民富庶起來，國家也必定會隨之富庶起來的。

但，一個國家不可能永遠年年好景，歲歲豐收，遇到災荒、凶年怎麼辦呢？孔子也有一套應急的辨法，協助渡過難關。

有一次，孔子在齊國，正逢齊國大旱。翌年春季發生了饑荒。齊景公請教孔子，道：「夫子，現在齊國嚴重缺糧，百姓鬧着饑荒；國家的財政收入大幅度減少了，怎麼辦呢？」

孔子說：「凶年時財政收入必然會減少，這是意料中之事。應變之道，就要一切從簡，節省開支。例如駕車的馬要用較劣等的；人民生活困難，就要免他們徭役；一般公共建設的大工程要停止；祭祀時不要鐘磬，不用奏樂，祭品也要減少，本來用牛羊豬三牲的，只用一隻羊吧；祈禱時也不可用牲畜，以絲織品和玉石代替吧；君主要降低生活水準，省下來的錢，去救濟百姓。」

輕稅利於國　苛政猛於虎

孔子所主張的一套輕徭薄賦、富民強國的理論，連他的弟子們也聽得耳熟能詳了。這也可以說是孔子教育工作的成功。

有一次，魯哀公向孔子的學生有若問道：「今年農業的收成不足，國家稅收太少，如何是好？」有若回答說：「那麼就實行抽取十分之一賦稅的『徹法』吧！」魯哀公氣急敗壞地說：「現今向農民按照十分之二抽稅，我們國家還不夠用，改為十分之一的徹法，那豈不是更糟？」有若答道：「如果老百姓富足起來，國家決不會沒有足夠的稅收的。如果人民窮乏困頓，像向米糠再榨油似的，還能榨出多少油來呢！那國家一定會負債了。」

有若這番說話，其語氣，其意思，活像孔子在答話似的。「徹法」是古代一種相當合理、人民負擔不重的田稅制度，可惜兩千幾百年來，能夠實行輕徭薄賦的王朝不多，傳統歌頌的「君王萬歲」，其實應改為「萬稅」才符合事實。

賦稅太重比老虎噬人還恐怖。有一次，孔子經過泰山之側，有婦人在墳墓旁哀哭得十分傷心。孔子一面做手勢表示向那婦人致意；一面側耳聽，同時命子路上前去問個究竟。

原來這婦人的遭遇十分悲慘，這裏經常有吊睛白額大蟲出現。她的公公被老虎咬死了，她的丈夫也死在老虎手上，如今，不幸她的兒子又做了老虎的晚餐，怎能不使這婦人傷心呢？這時，孔子也已下了車，驚詫地問道：「此處既有虎患，何不早搬離呢？」婦人答道：「這裏雖有虎患，但卻沒有暴政呀！」於是孔子悟出了「苛政猛於虎」的道理。警醒學生們今後要牢記在心。

職業無貴賤　富貴亦可求

有一次，孔子幾位大弟子聚在一起閒談，司馬牛憂傷地說：「人人皆有兄弟，而我獨無啊！」子夏安慰他道：「古語有云：『死生有命，富貴在天。』只要我們認真地以嚴謹待人，運用我們的仁愛精神，那麼，四海之內，便都是我們的好兄弟了。」

子夏上述這番話，「四海之內皆兄弟也」這講法很對；至於「死生有命，富貴在天」這兩句，大有商榷餘地；也和孔子原意相悖。因為健康長壽是靠自己注意飲食生活、小心預防疾病，並非靠命運。至於人的富貴貧賤，也是靠個人去掌握，而並非靠天。

孔子對富貴的取態，並非斷然拒絕，但也並非無條件的收受。孔子曾說：「不義而富且貴，於我如浮雲。」即是說，不合法及不合道義卻可以得到富貴的話，那是絕不接受的。但，假如用正當的途徑，合法取得富貴的話，孔子是並不反對的。

孔子又說：「富貴若可求，雖執鞭之士，吾亦為之。」假如財富可求，用現代話來說，即使做個汽車司機，也無不可。從這句話中，也透露了孔子的思想，即是職業是無分貴賤的。孔子是大教育家，也是大政治家，很明顯是一位腦力勞動者，但為了富貴，孔子也願意做一個「執鞭之士」(體力勞動者)。有一次孔子借他的學生子夏之口說，社會上有百工巧匠是為了「成其事」，有君子求學是為了「致其道」，前者是體力勞動，後者是腦力勞動，前者是製造器皿，後者是處理政經事務，兩種工作是無分貴賤高下的。

貧而樂　富不驕

一個人口眾多的國家，孔子認為進一步的措施要設法教人民富起來。有一次，孔子到衛國去，學生冉有為孔子趕車。孔子說：「衛國人口真多呀！」冉有說：「人口多了，應該做些甚麼呢？」孔子說：「設法使他們富有起來。」冉有說：「富有起來又怎麼辦呢？」孔子說：「再加以教化吧！」

對一個富有者，施以教化是很重要的。孔子常常講及，一個富有者如何自處，一個貧窮者又如何自處。

有一次，子貢問孔子道：「貧窮人能不諂，富有者能不驕，可以了嗎？」孔子答道：「這也算好了，但不如貧而能樂道，富而能好禮。」

孔子又進一步說：「一個人要貧而無怨，比富而無驕更難。」

譬如孔門弟子中，顏淵處貧，子貢居富。顏淵在貧苦中真正做到了快樂而無怨。孔子有一次稱讚顏淵說：「顏回真是賢德呀！一竹器的飯，一瓢的水，在窮陋小室中，別人不堪其憂，顏回（即淵）卻仍能不改其樂。」

孔子亦曾自道貧中有樂。他說：「吃着粗飯，喝着白水，曲着臂膊當作枕頭，樂趣亦可在其中了。」

一個貧而好樂的人，一定是有志於道。他不會只為謀求個人生活之安富尊榮，也不會因為沒有好的穿、沒有好的吃而認為羞恥，否則，也就談不上甚麼貧而好樂了。

貧與賤，是人人憎厭的；富與貴，是人人希求的。孔子並不獎貧賤富，但認為富貴當從正當途徑去獲得；但處於貧窮時，則不可失其操守，亦不可放濫橫行。

知足常樂　儉以養廉

孔子是主張節儉的。「儉」也可說是孔門學說中的一大課題。

有一次，子禽向孔子的學生子貢問道：「你的老師孔子每到一個國家，必定會參與該國的政事。這是孔子自己要求的呢？還是該國國君主動邀請他的呢？」子貢答道：「我們老師是靠他溫和、善良、謙恭、節儉和禮讓五種美德爭取得來的。」可以說，「節儉」是孔子具有的崇高品德之一。

孔子自己主張儉約，也要別人儉約，尤其是國家領導人。某次，他對學生說：「作為一個大國諸侯，不但行事要謹慎，又要能守信，更重要的，應該節省財用，以愛人為念。」不但使用財物要節省，而且使用民力也同樣要節省，要顧及人民的生產時間，以免影響人民的勞動生產工作。

管仲是齊桓公時的名相，齊桓公能稱霸諸侯，安定天下，管仲有其不可磨滅的功勞。孔子也認為如果沒有管仲，華夏人民就早已被文化較低的蠻夷所征服了。但孔子也批評管仲的胸襟度量不夠大，其實是指管仲奢侈不儉，器小易盈。孔子批評管仲有三處富麗堂皇的府第（一說是管仲娶了三房妻室），怎能算得上是節儉呢！管仲是主張享受、注重排場的。

孔子認為奢侈的人，不會遜讓，儉的人缺點是固陋，與其不遜讓，不如固陋的儉。

用麻織成的冕，是行古禮時用的。麻冕工細而較貴。孔子看到一般人用較儉省的黑絲為冕，自己也用黑絲為冕，這也有取儉戒驕的深意。

孔子很讚賞衛國的公子荊。因為公子荊能知足，以已有的財富為滿足，不貪求多得。這就符合了孔子想要提倡的節儉和勤勞美德。

不可輕商　善價可沽

孔子教人如何處富貴及貧賤。孔子沒有刻意要人棄富取貧，他也並不反對人經商，亦即並不輕視商業。

孔子有一次談起他的兩位得意門生，道：「顏回能安貧樂道，實在很難得，可惜他經常陷在困窮之境；至於子貢，他沒有選擇去政府機關做一個公務員的道路，而去經營商業，他猜度物價的貴賤倒真有眼光，常能猜中哩！」

從上述談話中，孔子固然讚顏回品德好，卻對他的經濟困乏難免有點擔心；但並沒有因子貢經商而批評他。如果子貢在今日，必定是個投資證券的高手。同時我們也由此得到一個教訓：顏淵(回)固然品學兼優，但是經濟問題困擾他，使他營養不良，無錢治病，以致青年夭折，實在太可惜了。

孔子有一次到衞國，看到當地商業繁盛，人民富庶，因為衞文公採取了「通商惠工」的政策，孔子大加讚賞。

為了使商人可以謀取合理的利潤，因此孔子主張政府徵收商品稅不可過多過重，甚至有時應該免稅。所以，孔子曾經反對魯國臧文仲大夫設置「六關」，用來徵收商品稅。孔子責備臧文仲的行為是不仁的。因為要維護通商自由，要發展商品流通，所以孔子主張「關市皆不收賦」。

孔子也主張善價而沽。有一次，子貢問孔子道：「若有一塊美玉，是珍藏在匣中呢，還是高價時便賣出呢？」孔子答道：「那就趕快出售吧！如果有人肯用我，出價又相當理想，那為甚麼不給他效勞呢！」可見孔子還是一位有眼光的商業顧問哩！

選賢與能　修己利民

孔子很重視人才，所謂「選賢與能」，意即要選拔賢能之士為國家服務，使政治上軌道。

孔子認為自古以來，人才難得。堯、舜、周文王、周武王之時所以國家能興盛，主要是選用了賢德的人才來輔政。

一個國家如有了人才，即使國君是昏庸的，仍還可以撐持下去。有一次，季康子問孔子道：「衛靈公既是無道昏君，為何仍不滅亡呢？」孔子說：「衛國有孔文子替他管理賓客之事，有祝鮀替他管理宗廟之事；又有王孫賈替他管理軍旅。有了這些人協助治國，所以才不會亡國。」可見人才有關國運之重要。

有一次，魯哀公問孔子：「如何使人民信服呢？」孔子道：「選用正直的人，放棄邪曲的小人，人民自然會信服的。」

仲弓也曾經請教孔子為政之道。孔子答覆他說：「諸事先責成下面的有司，寬赦他們的小過失，要他們多舉賢才來分任各職事。」可見推舉賢才是為政首要之道。

一個賢德的理想人才，要看其是否真正具有修己利民的思想品德。這樣的人來擔任行政工作，才可做到近處的人歡悅，遠方的人來歸附。

一位好的行政領導，要能安定社會，也要能造福百姓。孔子心目中，子產是一位理想的人才。孔子稱讚他有四項美德——個人的操守很謙恭，對上位者有敬意，養護人民有恩惠，以及徵用百姓有法度。

孔子雖然也讚賞管仲施政有方，造福後人。但因管仲曾削奪了齊國大夫伯氏的駢邑三百家，難免對管仲有微言了。

重用賢德　撤除不肖

孔子認為一個理想人才的品德修養，應該明辨是非，也要虛懷若谷。要對自身督責嚴，而對他人督責輕。

同時，也要做到「不可介意別人不知道我，只擔心我自己的不能。」

一位仁者，照孔子所說的，有困難的事，要爭着去做；有報酬可得，要最後才拿。正如宋代范仲淹所說：「先天下之憂而憂，後天下之樂而樂。」

一個真正的人才，常正確地判斷周遭的環境，以定去留。孔子曾告誡人們，危險禍亂的地方不可去，更不可定居。政治清明的君主，值得為他效勞；遇到無道昏君，不如退隱吧！

孔子認為，作為一個主管，選拔人才不能只看一時一事。更不可帶有主觀印象，要聽取羣眾的意見。同時，聽取了羣眾的意見之後，還要進行考察，加以分析，然後鑑別之。

有一次，子貢問孔子道：「鄉人都說這個人好，這個人可以認可了吧！」孔子道：「未必。」子貢又問：「鄉人都說這個人壞，怎麼看呢？」孔子說：「這意見也未必對，只有好人喜愛他、壞人厭惡他的人，才是可取的。」這是極有價值、極有實踐意義的觀點。

不管是一位公私機構的主管，或者是掌握一地一國的領導階層，其最重要的任務，是要尊重有賢德的人而輕視品行不端的人。子路懷疑孔子所說的這理論。不然，晉國的中行氏如此做了，晉國為何仍會滅亡呢？孔子答得好，他說：「中行氏確實尊重賢德者，卻不加重用；他也輕視品行不端者，卻不將之開除。因此使賢者生怨憤，而壞人生仇恨，這樣的作風，安得不亡國呢！」

孟子

民為貴　君為輕

孟子，名軻，魯國鄒邑人（今山東省鄒縣）。根據《孟子譜》，孟子生於周定王三十七年，卒於赧王二十六年，壽八十四歲。但周定王並無三十七年。一說孟子生於周安王十七年，至赧王廿六年（公元前二八九年）卒，則享壽九十七歲。與商鞅、孫臏等同時。

孟父早年去世，有一位賢淑的孟母，所謂「孟母三遷」、「斷織教子」，大家都是耳熟能詳的。

孟子一生也以教育為主，為了宣揚他的政治理想，也常常「後車數十乘，從者數百人」，四處奔走，到過齊、宋、魯、鄒、滕、魏等國，期間魏王雖曾禮待過他，但並未接納他的政治主張；梁惠王死後，他再去齊國，齊宣王請他做客卿，但無實權，也不受重視。

戰國時代，受重視的是法家、兵家和縱橫家等人，如秦用商鞅以富國強兵；楚、魏用吳起；齊國先後用孫臏、田忌，欲稱霸天下；其他國家則忙於搞合縱連橫，以攻伐為能事。而孟子卻提出唐、虞三代聖王之治道，各國諸侯當然聽不進耳。孟子既不得志，所謂「達則兼善天下，窮則獨善其身」，晚年遂回到鄒國，著書講學，有他和弟子所著《孟子》一書傳世。

孟子的主要政治思想之一，便是永遠把人民的利益放在第一位。孟子認為值得諸侯珍惜的不是珠寶美玉，而是人民。孟子認為人民比社稷更為寶貴，至於君王更是等而下之了。

如果統治者不把臣民當人看待，則臣民也可把統治者當作寇盜。像桀、紂這類暴君，只是獨夫而已，殺之不足惜。兩千三百多年前，已經有如此進步的民主思想，孟子實在了不起。

富貴可求　取財有道

漢儒董仲舒說：「正其誼不謀其利，明其道不計其功。」一般人的看法，認為儒家不講功利，只重道義。如孟子見梁惠王，一開頭便教訓惠王道：「王何必曰利，亦有仁義而已矣。」其實，孟子固然重視仁義，但也並不輕看功利，看在甚麼情況下而已。

孟子曾經到薛國，接受了薛國國君的贈銀五十鎰（按：一鎰即今二十四兩），亦接受過宋國國君贈銀七十鎰；但齊威王曾送他足色紋銀一百鎰，孟子卻拒絕接收。學生陳臻感到疑惑，認為如接受是合理，則不接受是錯；反之亦然。孟子答以兩者都對。

其理由是——

孟子在薛時，有人要暗算他，不得不增聘衛士以策安全。薛君贈銀作為設兵戒備的保護費，所以孟子收下了。

宋國國君採納了孟子的一些施政建議，而且孟子又要遠行，需要一筆川資，所以他接收了宋君的贈金。

孟子在齊國，做的是客卿，齊威王並無採用孟子的王道政策，所謂無功不受祿，所以孟子拒收齊王贈金。

富貴是可求的，但要取財有道，何種情況下可收取，何種情況下不可收取，要有分寸。

孟子每次遊歷各國，必有諸侯供養，往往乘坐數十輛車子，跟從者數百人，排場十分闊綽。學生彭更質疑地問孟子，這樣做是否無功受祿呢？孟子答以「不合理的，即使接受他人一籃飯，也是過分；如果合道理，像舜接受了堯所讓給的天下，也不過分。」但孟子卻曾推辭了齊王願為孟子築房屋及給萬鍾俸祿，以供養孟子弟子的請求。既然齊王不接納孟子的施政建議，孟子連十萬鍾俸祿的客卿也辭去了。孟子並非不欲富有，而是不願取不義之財。

輕徭薄賦　守望相助

孟子的治國理想，是把人民的利益放在第一位。可以明顯看出的地方，就是他特別強調要對人民減税或免税。

古代徵税，向有布縷之徵（指布與絲）、粟米之徵（指糧食）與力役之徵（指人民為政府出力做工）三項。孟子主張君子治國只徵一項而緩徵其他兩項，如徵收二項，人民可能成為餓殍；如果三項齊徵，則會造成父子離散，亂事迭生。

孟子又說，統治者應免除房屋稅，只收一定地稅，使商人願意來做生意。關卡只用來稽察壞人，並不徵稅，以招徠各地遊客。向農夫只徵收十分之一的田租，使天下農民都願歸向並樂於耕種。不向失業者收稅，使人民來歸。

有一次，宋國大夫戴盈之對孟子說：「十分之一的田租，免除關市的捐稅，這兩項政策很好，只是宋國一時未能全部實行，希望分期執行，先減輕一點田租，明年再取消關市的稅。先生以為如何？」孟子幽默地用比喻回答道：「現在有一個人，每天偷鄰居的雞。有人告訴他：『偷雞非君子所為。』於是偷雞者改為每月只偷雞一次，等到明年再停止不偷。既然知道此事不當做，實應趕快改正，何待來年呢？」

孟子很嚮往古代的井田制度，八家皆各耕私田百畝，並共同耕種保養公田，大家出入相友，守望相助，疾病相扶，等到公田的農事完畢，才各自去做私田的農事，田租是行九分之一的助法，過的是和睦安定的生活。這似乎與老子的「雞犬相聞，老死不相往來」大相逕庭了。

分工合作　豐衣足食

農業、漁獵、畜牧以及林木業都是孟子所重視的。他曾勸告梁惠王，當耕種農忙的時節，千萬不可徵用百姓服勞役，讓他們專心去搞農事，才有吃不完的糧食。

到深池捕魚的網，網孔不可太密，使細小的魚蝦漏網得以成長，那就會有吃不完的魚鱉了。

山林中的草木砍伐應有定時，春天是草木生長的季節，切不可砍伐，以便保護生長中的幼苗小樹，這樣才有用不完的木材。

一片五畝寬的宅地，種些桑樹，教以養蠶繅絲，到五十歲時，便不愁沒有絲綢穿着。

在適當的時候，畜養些雞、鴨、狗、豬等家禽，至少也得養上五隻母雞、兩條母豬，使六、七十歲的老人家有足夠的肉食。

百畝之田，使匹夫耕之，如果不違農時，八口之家是可以過溫飽的日子的。

一個好的治國者，要能為民制產，勸導百姓深耕耘苗，並薄收賦稅，生產的糧食，多如水火，使人民富足。

但是，為了增加糧食生產，提早結實，卻不可以如宋人般，搞揠苗助長的把戲。有一位宋國人擔心苗不生長而將苗莖拔高一些。回到家中，還沾沾自喜地告訴家人，他忙了一整天，已經筋疲力竭，總算幫助苗長高了。他的兒子知道必定會出事，急忙走去田間一看，禾苗已枯死了。可見天下間，不但農事，包括一切工商企業，都得按部就班，小心從事。否則，只會造成欲速則不達的惡果。

孟子也不贊成大家都去種田，各行各業都有其需要，腦力勞動與體力勞動同樣重要。

荀子

不行不義　不殺無辜

荀子名況，趙國人。時人尊稱他為荀卿。後來避漢宣帝劉詢諱，故又稱孫卿。齊威王時，他十五歲（史記稱「五十」，兩字誤倒），年少英俊，遊學齊國，從學於稷下諸先生，宋鈃可能是其中一位老師，荀子尊稱他為「子宋子」。荀子的少年、中年大部分時間都在齊國稷下（今山東臨淄）度過，加上齊湣王末年及襄王時，前後三次去齊，曾三次擔任祭酒的官。

荀子亦到過趙國，與楚將臨武君在趙孝成王那裏討論過軍事。先前，因受讒言離齊到楚，春申君委任他做蘭陵令，直至春申君死才免職。晚年在蘭陵終老。

教學和著述是荀子一生的事業。他教出了幾位出名的學生，一位是韓非，另一位是李斯。李斯前往秦國辭別荀子時，荀子已九十三四歲。春申君死時，荀子如健在，當已有一百零三歲，長壽是可以肯定的。

儒、法兼施是荀子的主張，而韓非與李斯卻偏重於乃師之法不同方面的發揮。

極為尊寵荀子的齊宣王死後，在秦昭王時，荀子曾應聘到秦國，以聖王治國之道遊說之，當然無法迎合喜好戰伐的昭王。但荀子在秦國作了一番政經民俗的考察。覺得秦國社會公私嚴明，秩序井然。便由衷地讚歎道：「輕巧自然地把國事治好，簡單平易地把政務搞妥，毫不煩瑣複雜，卻收到了高成效，治國可說達到最高境界了。」但荀子仍建議秦國要任用儒者，並勸告昭王說：「為了想得天下而行一不義之事，殺一無罪之人，那是絕不應該的。」有記載他言行的《荀子》一書傳世。

藏富於民　禮法並重

荀子認為百姓貧窮，則國家亦富庶不起來；要國家富庶，則必須先使人民富庶。行善政，愛人民，不侵犯民營事業的利益，不任意提高賦税和加重勞役。這種藏富於民的政策，也正如孔子所說的——先使百姓富足，君王怎會不富足；如百姓貧困，則君主也不會富足。

要使一國人民安享太平福祉，不能靠無為而治，必定要用正確的禮法，依照原則有條理地去治國。用禮義之道治國，政治就會清明；正如一個遵守禮義之人，品行就會端正一般。

凡做一國君主，尚禮義，重賢良的，便可王天下；退而求其次，重法制，愛人民的，就能霸諸侯；不然，好私利而多詭詐，那麼，國家便危險了。

總之，以禮法治國是荀子的一貫主張。荀子還講了一個比喻——三尺陡岸，空車不能登上；百丈高山，滿載的車輛卻可往上爬，此何以故？因為高山是由低而逐漸傾斜增高的。數丈高牆，大人無法攀越；百丈高山，小孩卻可上去玩，其理相同。如果一個國家的政令禮法鬆弛，人民猶如走漸漸傾斜的滑坡，陷入法網而不自知。所以，政令要嚴，法制要緊，才可使國家的政治上軌道。

荀子認為管治國家的君主，一定要能依循禮義，恪守信用，切不可耍陰謀，玩權術，那是會招致滅亡的。

另一方面，固然要使百姓明白道理，就得進行教化；但同時亦要使百姓富裕起來，生活安定才能陶冶他們的性情。

強本節用　國富民豐

荀子認為用金錢財物作為獎賞，不失為君王管治人民的好辦法。給有功者以豐厚的獎賞，用減少俸祿來懲罰有過者，歷代君王莫不如此。

人民中有盜竊者，不是由於貧窮，便是因為貪財。所以聖王首要之務，在使人民過富裕的生活，同時要教育人民知道滿足，但也不讓財富過多。這樣，使盜賊絕跡，糧食多到連豬狗都吃不完，農民商賈都能禮讓財物，便風俗淳美得以路上拾遺為羞恥。

仁君在上統治，農夫盡心竭力地從事耕作；商賈根據市場需要做好買賣；各業工匠盡獻各人的技藝，製造各式器具以供應社會各界所需。

安定的國家社會，人民才能安心從事生產事業，大家的生活才可富裕；動亂的國家，不但造成人民窮困，連王公貴族也會生活匱乏。

努力從事耕織，積儲財物，勿使揮霍浪費。臣民奉公守法，財富愈積愈多，國家自然日益富強。

政府設法減收田租；適量徵收關卡墟市的商稅；商人盡量減少；勞力不可多徵，讓農民在農事的季節裏，充分地施展勞動力。

節省不必要的費用，妥善地貯藏好盈餘的物資糧食，如此做法，人民怎能不富庶起來呢！

荀子在《天論》篇中，有三句很重要的名言：「強本而節用，則天不能貧；養備而動時，則天不能病；修道而不貳，則天不能禍。」意思是——加強農耕，節省費用，則天無法使人貧窮；衣食充足，活動適時，則天無法使人患病；專心注重品德修養，則不會惹禍上身。

順應天時　耕牧得宜

荀子對農、牧、漁、獵及林木事業都很注重。並且特別強調要裕民。裕民才能使人民富有，唯有富有的農民才更易於把田地治好，使糧食的增產以倍數計。

一年四季中，要把握好農事的處理，春天耕種，夏天除草，秋天收穫，冬天儲藏。這樣才可使五穀生產豐盛，使人們家有餘糧。

水中生長的動物，如黿、鼉、鰍、鱣等，在牠們產卵的時期，千萬不可把魚網和毒餌投入水塘中，這是為了不使水中活物夭折，也不可絕其生長。

不管是池塘中養的，或是溪河裏長的，魚鱉的繁殖時期，絕不能去捕捉，使牠們滋生繁多，使百姓有豐富的食用。

山林裏的樹木花草，每當它們開花結果之時，千萬不可用刀斧去砍伐它們。這是為了不使樹木夭折，不使斷絕生機。當砍伐時砍伐，當培育時培育，使林木茁壯生長，大家就有用不完的木材。

百姓都能順應天時，耕牧得宜。物資的生產源源不竭，徵收適當的賦稅，以增加國庫收入。

政府役使人民時，夏天不使他們中暑；冬天不讓他們捱凍；在農忙緊張的時節，不可損傷百姓的體力；在閒暇時，則不可使農事耽誤。

把大自然賜給人類的恩惠好好地加以利用，妥善保護，千萬不可竭澤而漁，才可使資源不致匱乏。

在上者也當善待人民，周詳照顧，撫養百姓，有如保護初生的嬰兒。這樣，使各行各業的人士都能過着快樂富足的生活。

道家

老子

良賈若虛　君子若愚

老子，照《史記》所載，是楚國苦縣厲鄉曲仁里人（今河南鹿邑縣）。姓李，名耳，字聃（粵音擔）。曾經擔任周王朝藏書館的館員。老子的生卒年代已不可考。但老子可能活了一百六十多歲，或有人說他活了兩百多歲。荀子曾說過：「人無百歲之壽。」不過司馬遷說，老子之所以長壽，因他是修道之人。《史記・老子韓非列傳》也提到另外兩位老子，一位是曾著書十五篇的老萊子，也是楚國人；另一位是太子儋，也可能是老子。抱朴子說：「老子耳長七寸。」所以稱老聃者，就是「耳大下垂的長壽長者」，故高壽者稱老子，稱老聃，亦可稱老儋。老子就是老聃是可以肯定的。

司馬遷肯定了孔子去周問禮於老子這件事。在談話中，老子還引述了一個經商秘訣。當時老子說：「你孔子所講的談禮的那個人，他的骸骨早已腐朽了，獨留下了他的言論。況且一個有才德又有好際遇的人乘坐馬車，如不得其時，就像蓬蒿般流移而行。我曾聽說，會做買賣的人，必會將寶貨嚴密隱藏起來，不讓外界知道；品格高尚的君子，外表也要裝作愚昧無知，要把對自己沒有好處的驕矜與多慾，姿態與奢望，一概除去。我可告訴你的，只此而已。」後來孔子離周，對弟子們說：「我能知鳥能在高空飛翔；魚能在深水暢泳；獸能在曠野奔跑。獸可用網捉；魚可用線鈎；鳥可用箭射。但是，老子卻像乘雲駕風的龍哩！」

《史記》記述這故事，是取材自《莊子・山木》等篇。《山木》篇記述：「孔子被圍於陳、蔡之間，斷伙食已有七天，太公任前往慰問，告以不死之道……」太公亦老者之意，即老子也。

退隱前夕著《道德經》

上節談到老子的一個商業秘訣：「良賈若虛。」是否這理論已與現代經商手法脱節呢？今天一塊價值數百萬元的名錶，上電視，登廣告，還得假座某名店展覽數天，惟恐天下人不知。不過，想想現在發生盜劫案最多的便是銀行、金舖與珠寶鐘錶店，似乎老子的話確有道理。「財不可露眼」，這也是今天大家所認同的。

老子身處於那個紊亂悖逆的世代，看不慣那種擾擾攘攘爭名奪利的怪現象，便出函谷關隱居去了。

司馬遷說老子「莫知所終」。但《莊子・養生主》記載：「老聃死，秦佚吊之。」則可能是終老於秦（今陝西一帶）。不過，《史記》明確說出老子著《道德經》的經過。

老子既然要遁隱去了，關令尹滿心喜歡地要求他老人家說：「老夫子，你將決心隱居，無論如何請寫下你的著作，留給我們後人吧！」老子答應了，就寫下他的《道德經》上下篇五千餘字。中共文化大革命期間，湖南馬王堆漢墓中出土帛書《老子》，卻與傳統的不同，而是《德經》在前，《道經》在後，學者正在研究中。但無論如何，老子著《道德經》是鐵一般的事實。老子和莊子，是中國道家思想的鼻祖，這是無可置疑的。

老子的兒子叫宗，做過魏國的大將；宗生注；注生宮；宮的玄孫假，在漢文帝時做過官；假生解，是膠西王劉卬的太傅；他們世世代代都住在齊地。

老子是節儉主義者

老子的消費觀和墨子一樣，是一位節儉主義者。他以「儉」為人生三寶之一。老子說：「我做人有三件法寶，第一是慈，第二是儉，第三是不敢為天下先。這三寶我是非常重視和珍惜的。因為儉，所以能大方。」

為要實行嗇儉，因此老子提出他的處世哲學，便主張「寡慾」、「知足」和「知止」。就是要減少私心，降低嗜慾；要知道滿足，便不會遭到困辱；要知道萬事必有極限，便不會碰到危險。這樣才可以長久安全。

為了要節約消費，要盡量減少享受；過度的享受是會傷害身心的。他說：「奇麗的色彩使人目盲；鏗鏘的音響使人耳聾；鮮美的滋味使人口傷；在田野馳騁打獵，使人心發狂；難得稀有的財寶，使人行為失常。」所以聖人管治百姓，老子認為讓百姓填飽肚子就夠了，不必太講求填飽耳目之慾。

有人認為老子的消費觀太落後了，不足取。其實也未必。如果連看多個深夜的彩色電視的奧運節目，眼睛必定會不舒服，甚至可能要去光顧眼科醫生；記得前年我陪台北來的友人去看一場京劇，那是由大陸來的一流京劇表演藝術家演出的。看後他說不好看，我覺得奇怪，原來是鑼鼓的響聲震耳欲聾。是因為現在的戲院有隔音設備，聲音無法宣洩出去而造成的。「五音令人耳聾」，老子的話真對。

老子提倡的「儉」，是有分寸的、有限度的。他說：「甚愛，必大費。」意思是過分的吝嗇，必定更大地破費。有甲乙兩友人同飯，飯後各自分攤飯錢，但甲飲啤酒一瓶，乙堅持要扣除，且找侍應生來問明酒價，乙因而省回數元，但卻失去了可貴的友誼，豈不是更大的損失嗎？

無知無慾　自給自足

老子既主張崇儉去奢，以他的主張管治人民奉行天道，最好的方法莫過於儉嗇了。唯有實行儉嗇，及早準備，不斷地積累儉嗇的功德，就可以攻無不克，凝聚財力，使國家基礎根深蒂固，方符合長生久視的道理。

因此，老子的政治理想，首先是小國寡民的經濟政策。就是小小的國土，少少的人民。即使有各式各樣的器具和設備，卻並不使用；使人民重視生命，也不隨意搬遷。雖有舟車，也不乘坐；雖有甲兵，也不陳列。社會最好回復到結繩記事的時代。要使政治達到至善的境界，在知足寡慾的風氣倡導下，人人都感到飲食香甜，衣服美麗，習俗舒適而安逸，工作稱心而滿意。

國家毗鄰望得見，雞犬啼吠聽得到，但人人各自生活，直到老死，互不往來，這就是老子的理想世界的藍圖。

總之，老子在經濟問題上，主張人們以知足的心態，使大家無知無慾地，自給自足地，過着社會安定的生活。

所以，老子不喜歡人們積儲財富。他認為，金玉滿堂，莫之能守；富貴而驕惰，反足以招惹災禍。一個好的執政者，要能夠減少有餘的，來奉獻給天下的人；有所作為而不佔有，有所成就而不居功。這才是真正的聖者。老子的「儉」是為了能「大方」。所以聖人並不積蓄，而是全都照顧別人，自己便愈富有；全都施給別人，自己便愈繁多。

范蠡

出謀劃策　復興越國

范蠡，字少伯，他的原籍是楚宛三戶（今河南省淅川縣）。曾任春秋末期時的越國上將軍。為人卓越豪放，家境清寒。青年時期被楚王派往越國參政，死於戰國初期。

周敬王二十四年（公元前四九六年），吳王闔閭為要稱霸浙江地區，出兵攻越。吳軍在浙江嘉興一帶中了埋伏，結果闔閭受創而死，臨死前囑其子夫差勿忘報仇雪恥。

夫差即位，拜伍子胥為相。命伍子胥和太宰伯嚭（粵音鄙）在太湖操練水軍，自己則在陸上練兵，誓報父仇。越王勾踐聞訊，想趁吳軍未備，來個先發制人。遂於周敬王二十六年，率兵攻入吳國的太湖流域，反為吳軍所敗，勾踐只好退守會稽山，當時殘兵五千而已。

勾踐愧恨交集地對范蠡説：「我先前沒聽你的忠告，以致一敗塗地，以後怎麼辦呢？」范蠡鎮定地説：「要想國家旺盛，必須順應天道；要想穩定危局，必須俯順輿情；要想增加生產，必須多墾土地。」並且獻計道：「現在為保全殘餘力量，徐圖東山再起。王上必須對吳王卑躬屈膝，厚贈禮物，甚至於把自己獻上，當作他的奴僕。」

勾踐依計而行，命大夫文種前往求和。吳國太宰伯嚭由於貪心而接受了越國的饋贈，遂説服夫差答允赦免越王，吳王不聽伍子胥的諫言，率兵回吳。

越王從被困的會稽山獲釋放返國。勾踐回越後，臥薪嘗膽，夫妻親自耕織，節衣縮食，與百姓同甘苦。本想讓范蠡主持國政，但范蠡有自知之明，認為文種擅長治內，自己善於外交與軍事，越王遂派范蠡和大夫拓稽，作為求和吳國的人質，范蠡在兩年後才被釋放。

生聚教訓　待機而動

勾踐返越後，履行「十年生聚，十年教養」的強國復仇大計。那邊吳王夫差卻被勝利沖昏了頭腦，又聽信讒言殺了伍子胥。

急於報仇雪恥的勾踐，卻為范蠡勸阻道：「現在，無論天時、地利對越國並非十分有利，若於此時進攻吳國，反為不妙，還請少待。」於是，勾踐繼續過其臥薪嘗膽的生活。

為了增加人口，越國繼續執行其獎勵生養的條例。如年老者不得娶年輕女子為妻室；男丁到二十歲，女丁到十七歲，仍未結婚者，則處罰其家長；快將臨盆之婦女，必須上報，由政府醫生照顧；生一男嬰，國王賞酒一壺，狗一條；女嬰則賞酒一壺，豬一頭；生孖胎者，其一由官府撫養；生三丁者，由政府撫養其二。

到耕種時節，越王親自下田示範；繅絲時節，王后常去民間探訪，以作激勵。全國上下，提倡節約以便向吳王進貢，使免猜疑。

勾踐為了迎合夫差要造姑蘇台的心意，便送去巨大的上佳木材，使造姑蘇台的計劃改高改大，卻苦了吳國的人民。

范蠡又覓得美人西施進貢給吳王。使吳王慨允借糧一萬石給越國，文種運回糧食用來分贈窮苦百姓，使越人更加感激國王的關懷。

等到來年豐收，越國歸還一萬石肥壯的穀子給吳。吳國當作佳種下種，很久都長不出新的秧苗。原來這些穀子是蒸熟後曬乾的，想再重新用自己的種籽，卻已耽誤了下種時節。

勾踐幾次三番想出兵伐吳，均為文種、范蠡所勸阻。直至周敬王三十八年（公元前四八二年），趁夫差率精兵北上黃池會諸侯，范蠡才建議越王出兵攻吳。

運籌帷幄　功成身退

越軍佔姑蘇城，殺吳太子。夫差聞訊大驚，急謀與越講和。范蠡估量雙方實力，越仍無法滅吳，遂同意暫時和解。直至四年後，夫差因與齊、晉等國爭奪中原，國力大損。遂促請勾踐出兵攻吳，勿再坐失良機。

勾踐一向信服范蠡的足智多謀，欣然同意。先在笠澤打了勝仗。將吳王圍困於姑蘇山上。吳派大臣向越求和，勾踐遲疑不決，范蠡警告道：

「會稽山敗戰之事，正好是吳國滅我越國之時，而夫差竟放過了我們。現在我們把夫差困在姑蘇山上，正是天賜滅吳機會，天命豈可違逆？況且我王二十二年來，早晚辛勤勞苦，一切都是為了滅吳雪恥。這次正如樹幹由你砍伐；不然，它將變成伐木的斧柄來砍伐你了。難道你忘了在會稽山的恥辱嗎？」

勾踐覺得范蠡所說有理，雖然心有不忍，也就只好同意。於是范蠡叱退來使，擊鼓進兵。勾踐本想封夫差為百戶侯，夫差以年老不能事奉越王為由，便自盡了。

吳王死前對殺伍子胥有悔意。但已無補於事。越王也安葬了吳王，並殺了太宰嚭。

勾踐平吳以後，率兵北渡淮水，在徐州與齊晉各國諸侯會盟；並進貢禮品給周天子，周元王賞賜勾踐祭祀之肉，並冊封勾踐為伯。

勾踐離徐州，過淮南，將淮水上游土地送給楚；將吳國之前所吞併的宋國土地歸還給宋；將泗水以東百里之地給魯。勾踐號稱霸主，各國都來祝賀。

正當越國全盛之際，范蠡卻功成身退，悄悄地去了齊國。

進退適時　生財有道

當越王勾踐被吳王夫差逼得困守在會稽山上時，即任用范蠡、計然。勾踐實行計然所提出的政經策略，包括用重金僱傭戰士，加強作戰力量，贏取勝利，卒能成為春秋五霸之一。要熟知貨物的生產季節和社會需求之間的關係；預備乾旱或水澇來臨時的預防措施不可疏忽；穀賤傷農，穀價每斗二十錢，低於成本，農夫就會吃虧；穀貴傷商，每上九十錢時，商人就賣不出去；因此穀價最好在每斗三十至八十錢之間浮動，使農商兩利，貨物供應不缺。

囤積的貨物，要選擇可以久藏易售的，才不致滯銷；易於腐壞的貨物，不可久藏或定價太高。能估計貨物的過剩或不足，以便掌握物價漲跌的趨勢。物價暴漲至極必會下跌，暴跌至極必會上升；暴升時就應把所存貨物如糞土般快速拋售出去，暴跌時的貨物就要把它當珠寶般地急速購進。要使市場上的貨幣財物流通得像奔流的江水一般。

勾踐施行上述政經策略，十年已使越國富有。周元王三年，越已滅吳。上將軍范蠡明白勾踐為人，可以共患難，不可以同安樂。他告訴文種「飛鳥盡，良弓藏；狡兔死，走狗烹」的道理。可惜文種不能急流勇退，致為勾踐所殺。范蠡卻堅決拒絕勾踐的挽留，掛冠求去，攜帶妻小細軟，乘船北上齊國，隱居改名為鴟夷子皮。在海邊經商耕作，儲蓄資財。

但，范蠡自我流放外地後，始終緊記着計然的七項政經策略，越國推行了五項就能富強，思忖個人與家庭推行它必定也可致富。後遷到濟陰定陶，人稱陶朱公。經營物產，囤積居奇，掌握時機，高沽低入。十九年內，三次賺得千金，也分些與清貧戚友。陶朱公年老退休，由子孫承業，生財不息，累積至億萬家財。後世談及富豪，齊聲推崇陶朱公。

列子

貌有飢色　御風而行

列禦寇，戰國時隱居鄭國田野之間的一位學者，也有人說他是與子產、鄧析同時候的人。漢代的劉向說他是鄭穆公時候的人，照這樣的說法，列子要比孔子早幾百年，那是不可能的，可能鄭穆公是魯穆公之誤。

列子居住鄭國十年，默默無所聞。鄭國的國君、卿大夫都沒有注意到他。《莊子》中卻多次提及他，在《逍遙遊》中還把他當成神仙一般，說他能「御風而行」，一般人都把他與老子、莊子及抱朴子，合而稱為道家四傑。

《列子》這本書，後人有說是託名偽作；也有人說此書為後人所增纂。是真是偽，很難下定論。但此書內容，多屬道家思想，是可以肯定的。書中多稱「子列子」，說明非列子自著，可能為其弟子所追記，正如《論語》為孔門弟子所筆錄一樣。此書在唐天寶元年，詔稱為《沖虛真經》，至宋代，又稱為《沖虛至德真經》。

列子雖窮困得「容貌有飢色」，但千年後，世人卻尊他為「沖虛真人」。

《愚公移山》這個勉勵世人要有恆心毅力、要有奮鬥精神的富有精神價值的寓言故事，就記載在《列子》中，這是人人所熟知的。

列子曾說過一番意義深長的話，他說：「天地的功能不是全備的；聖人的才華不是全能的；萬物的好處也不是全用的。所以天的職責是覆育眾生；地的職責是承載萬物；聖人的職責是管治政教風化；萬物的職責只是發揮它們各自的性能。」從這裏體悟出一個真理——每個人各有專長，各司其職；而且單靠個人的力量不能成事，要能互相協調，互相合作才能達致美滿的成果。

生不憂　死無懼

有一次，列子到衛國去，一班門徒跟隨着他。在半途中，發現路旁的草堆中有一個骷髏頭骨。這副頭骨看來有百年之久了。列子把它撿拾起來，抹掉了沾在頭骨上的野草和塵土，回頭對門徒說：「這人世間能真正理解生與死的人太少了。你看，人死了果真憂傷嗎？人活在世上果真值得欣喜嗎？活人和躺在草叢中的枯骨又有甚麼區別呢？生命的珍貴之處何在呢？」

列子對萬物不可避免的生死問題似乎也看得很開。列子認為人生必有一死，那死亡又何足恐懼呢？

杞國有一位老人弄得茶飯不思、睡覺失眠，為的就是擔憂天會塌下來。

朋友向這位老人開解道：「天上所充滿的無非是些大氣，有甚麼好塌的呢？地上所堆積的，塵土石塊而已，也不至於裂開。」這憂天的杞人才轉憂為喜。

但這事為長廬子所譏笑，認為大氣與石塊組成天地，擔心它會損壞也是對的。列子卻認為長廬子的想法錯了。天地即使會崩壞，那離我們太遙遠了！何必放在心上呢？列子最欣賞的，就是那位快樂老人榮啟期。

《列子》借孔子說了一個故事。有一天，孔子遊泰山，在路上遇見一位樂天安命的榮啟期。這人身披鹿皮，腰繫古琴，一面唱，一面彈，悠然而樂。孔子忍不住問他何以會如此快樂？這老人答道：「天地生育萬物，我卻成為最尊貴的萬物之靈，一樂也！現在社會上一般的見識是男尊女卑，我竟是男的，二樂也！人的壽夭各異，甚至有剛出生就夭折的，我卻已活到九十歲，仍然健康，三樂也！至於貧困，也不能難倒我這讀書人；死亡只是人生的一個休止符號，也沒有甚麼可怕的呀！」孔子聽了，讚賞這位老人是智者。

莊子

莊子鄙視富貴名利

莊子姓莊名周。宋國蒙縣人，今河南省商丘附近。莊子的生年當在周顯王元年至十年間，以享壽八十歲計，卒年當在周赧王二十六年至三十六年間。約在梁惠王齊宣王之時。在當時來說，蒙縣地處中國的東南部。莊子時常到居處附近的孟渚澤捕魚。那裏有一條汳水，便是莊子的出生地。此地土壤肥沃，山明水秀，遍地有奇花異果，珍禽異獸；芝田柳路，沃野平原；煙霞舒卷，風霧淒清。一位曠代哲人、絕世大文豪莊子，便在這沒有多少塵俗而充滿自然生趣的環境中誕生。

莊子曾做過蒙縣的漆園吏，這漆園有千畝之廣。正如孔子做過管理牛羊的畜牧官一般。但一片青綠的漆林卻舒適養眼得多。

莊子有位老朋友叫惠施，在梁國長期當宰相，為梁惠王所尊信。但他們兩人的思想與為人卻完全不同。有一次，莊子要去梁國看惠施，有人提醒惠施當心相位不保，惠施慌了，下令搜查莊子的行蹤達三天三夜。後來，莊子見到惠施說，你知道從南海飛到北海的鵷鶵鳥嗎？牠非梧桐不宿，非醴泉不飲，非金鈴子不食。牠飛過時俯首望見下面有一隻叼着臭死鼠的鴟，那鴟深恐鵷鶵搶奪那死鼠，急得仰頭大叫，想嚇走鵷鶵。莊子把相位比作腐臭的死鼠，說明莊子輕視世俗的富貴名利。

楚威王知道莊周賢能，隆重地派了兩位大夫備了厚禮聘請他去做卿相。當時莊子正在濮水邊垂釣，笑着對楚國派來的大夫說，誰願意做一隻死了三千年、用錦巾包着、用繡笥盛着藏在太廟裏的神龜？我寧願做一隻活着拖着尾巴在污泥中爬行的烏龜啊！

突破時空界限

戰國時代有位名家的代表人物——公孫龍子，他少學先王之道，長明仁義之行，認為自己是天下間最有學問之人。但他卻弄不明白莊周的學說，直至魏牟向他解釋莊子學說的要旨後，他才懂得，對莊子佩服得五體投地。

莊子愛用浪漫而辛辣的筆調，用寓言生動地描繪出他的政治主張和經濟思想。莊子有一套發展經濟的管理思想，他強調要衝破狹隘的時空，步向廣大的世界。他用河伯與北海若的寓言，說明河伯未見海時沾沾自喜，以為天下之美集於一身，等到見到了大海，遂望洋而興歎，因此而大長見識，大開眼界。

井底之蛙向海鱉炫耀陷井之樂，以為陷井是世界上最快樂的地方。聽海鱉講述了浩瀚無涯的海洋中的絢麗奇景以後，才知道自己是坐井觀天，其陋無比。

河伯與井蛙眼光短淺，思想狹隘，不知道時空的無限，宇宙的無窮。莊子說，你不能同井蛙談壯闊澎湃的海洋，因為牠受到空間的限制，根本沒有見過海洋；你也不可以和夏蟲談冰，因為牠的生命短促，沒有經歷過冬天，怎能了解冰雪是怎樣的呢！

同樣的，偏執而孤陋寡聞的曲士，同他講述道家的「道」，他也無法明白。

莊子要我們不要像井蛙般閉關自守，要多聽外界的情況；也不可學河伯般故步自封，要出去看看外界的景物；也要如燕國壽陵邑的人那樣，到趙國邯鄲去學習美妙的走路姿態。

打破閉關自守，放棄狹隘思想。開拓遼闊的境界，多聽，多看，多學習，才是成功的人生。

笑罵人生並且不向權貴低頭

莊周時常窮得沒有米下鍋，也常受人奚落。有時他真困窘得要餓飯。有一天，他曾向監河侯借米，監河侯幽默地說：「讓我先收到了田租和房稅，再借兩百斤黃金給你。」莊子苦笑着生氣地說：「我昨天在路上聽到有一條喊叫救命的小鯽魚，在凹陷的乾涸泥溝中快要渴死了，希望有一杓水救活牠的性命。我說：『好的，待我去請南方的吳王、越王發動兩國兵丁搬運長江的水來救你吧！』鯽魚惱怒地說：『只請你給一杓水便可救我一命，你這樣豈不是戲弄我，算了吧！你趁早到乾魚店裏去找我吧！』」

有一次，莊子穿了帶補綻的麻布衣去見梁惠王，鞋子也是有破洞的。梁惠王笑他窮愁潦倒。莊子反唇相譏，認為昏君亂臣，道德不行，那才是潦倒，當面搶白了梁惠王。惠王也無可奈何。莊子就是這樣笑罵人生，苦捱了一輩子，寧可受苦，也不願向權貴低頭，有時還藉着織草鞋謀生。

莊子博學，於古書無所不讀。《莊子》一書，唐玄宗賜名《南華真經》，現存三十三篇。其內篇被認為是莊子所撰；其他外、雜篇可能是其弟子及後學所記，但亦多含莊子意趣。

莊子亦主儉，主張節省費用，減少私慾，進一步從節慾到無慾。在上古盛德之世，人們與禽獸同居，與萬物並生，大家沒有機心，沒有偏私，顯露了人的素樸本性。子貢有一天遇到一位種菜老人，見他正用甕盛井水灌園，事倍而功半。子貢便勸他使用當時流行而效率高的桔槔汲水。那老者憤怒地拒絕道：「使用機械的人，必有機心，我才不會無恥地用那勞什子的東西。」莊子說這故事，就是要「絕聖棄智」、「掊斗折衡」，回復到純然的無慾的素樸。

知己知彼　建立自信

莊子與惠施雖然意見不同，卻是很談得來的一對。有一次，他倆在濠水旁的石樑上散步。莊子看見水裏有三條鯈魚，便說：「你看水中的魚游得多快樂呀！」惠施卻說：「你不是魚，怎能知道鯈魚是快樂的呢？」莊子反駁說：「你不是我，怎知我不知魚的快樂呢？」惠施答道：「我不是你，果然我不會知道你；但你既不是魚，你也不會知道魚的快樂呀！」莊子説：「你開頭不是問我『你怎麼知道魚是快樂的』嗎？其實，你是早知道我知道魚的快樂的，你卻問我怎會知道。我是站在這裏看魚游着水知道的哩！」

由此看來，惠施的心對外界是封閉的，不知外界的一切；莊子對外界卻是敞朗的、通達的，看見外面世界光明的一片，看見萬物和諧快活的一面。要知己知彼，決不能把自己與外界隔絕；要心情樂觀，決不該把人生看得淡漠和悲哀。

莊子與惠施在學説思想上固然歧異，在處世為人上態度也截然不同，但朋友還是朋友，莊子很念舊。有一次偶然經過惠施的墳墓，他感慨地對隨從説：「現在惠施先生去世了，我已失去了可以講話的對手了。」似乎感到人生孤獨的無奈。莊子實在很想把他心中的很多見解告訴他人，但誰願意聽他的正經話呢？因此，他的著述都是以幽默的放浪的寓言出之。

法家

管仲

整頓戶籍　使齊富強

管仲，名夷吾，字仲，春秋齊國人。生於約公元前七二五年，卒於約公元前六四五年。管仲之能相齊，可謂得知己鮑叔牙的推薦之功，終能輔佐桓公「九合諸侯，一匡天下」，使齊國成為「尊王攘夷」的春秋五霸之首。難怪孔子也讚歎地說：「如果沒有管仲，我們就已變成披頭散髮的夷狄了。」

管仲與鮑叔牙年輕時曾合資經商。每次分利，管仲都多取一些。鮑叔牙以其家貧，並不介意。管仲也曾犯過不少錯誤，如曾替鮑叔牙出計而失策；曾臨上戰陣時脫逃；曾多次為君主撤職；曾對主人公子糾不忠，寧受屈而不肯死節。這一切，鮑叔牙都諒解了，最後還薦舉他為齊相，寧願自己屈居管仲之下，怪不得管仲感激地說：「真是生我者父母，知我者鮑叔牙呀！」

當時天下人不讚管仲之賢而讚鮑叔牙之能知人。

管仲相桓公後，首先整頓戶籍。他把天下人分成士、農、工、商四類，着令分區居住。工人住官府一帶；商人住市井之地；農夫與士（武士）則同住田野。目的為使專業人士熟習本業，免得見異思遷。

他把全國分成二十四鄉，一鄉為十連，一連四里，一里十軌，一軌五家，各級都設行政負責人。其中工商佔六鄉，士、農佔十五鄉。工商不必服兵役，只須專心本業。平時農夫種田，士則坐食；一旦戰事發生，農夫當兵，士則充當甲士及軍官。

管仲嚴令各級地方官隨時舉報賢才。否則，「蔽賢」便要治罪。管仲把鄉里整頓得井井有條，為日後齊國的富強奠定了基礎。

節約豪奢　雙管齊下

管子有一套奇特的消費理論。就是他既主張節儉，卻又提倡奢侈。似乎自相矛盾，卻也持之有故。

管子的節儉論，目的是不想對財富造成浪費，是要人人纖嗇慳吝，省吃儉用。節儉是為了預防饑饉。一個人如能做到儉約恭敬，即使不能招福，但也不至於惹禍上身；不然，如果炫耀鋪張，反儉為侈，則很可能會招致無妄之災。

儉約之道，是要農夫盡力耕耘，百工緊守崗位，商人不停止謀利，人民不遊手好閒，則財富自然不會呆滯壅積，可見管子的儉約有其積極性的一面。

一個社會之所以奸邪叢生，盜賊橫行，弄得國不像國，民不像民，都是由於糜費而造成貧窮所致。所以，國家的當務之急，是要人人「節衣服，儉財用，禁侈泰」。管子的節儉論，一面要保持合理的生產水平，一面卻要抑低消費。

另一方面，管子又鼓勵人們過豪奢的生活。因為節儉會使生產停滯不前。盛載黍稷的木簋，要用有精緻鏤刻和繫上紅絲帶的；廳堂中的立屏，宴享所設的器皿，不妨鋪張華麗，美輪美奐；即使平常的工作服也要穿繪有五彩花紋的。派使節出國，必須供應車馬衣裘，多給資幣；也要賜厚禮物給各國使節，讓他空囊而來，滿載而歸。

管子也主張厚葬，因為用厚大的棺槨，可使木工興旺；多做衣衾，可使女工興旺。如果一味節約儉用，不增加消費，便無法刺激生產。但管子說，如果國家貧困，則不宜行此道。總之，當用則用，不當用則不用。消費之道，在乎自己拿捏得準。

重農為本　商戰克敵

管子的重本（農）抑末（工商）的經濟思想，其最終目的是為富國安民。他說：「農事勝則入粟多，入粟多則國富，國富則民安。」他之肯定工、商業在國民經濟中的地位，也因為工、商業可以促進農業的發展。

管仲與鄰國展開政治鬥爭，也常把他的農本思想與經濟政策靈活地運用於「商戰」中。不必用武，往往能制服敵國。

就以對付楚國來說吧。齊國先儲藏好大量糧食，並鑄造大批錢幣。然後派人去楚國大量收購鹿。由於高價收購，誘惑力極大。大量楚人放棄農耕而專捕野鹿，結果使楚國糧食急劇減產，造成穀價狂漲。於是把糧食運往楚國邊境，高價出售，導致楚國經濟崩潰，楚人降齊者達十分之四，三年後終於降服了楚國。

又如魯、梁兩國毗連齊國，均以產綈聞名。齊國與魯、梁展開的經濟戰是：齊國先號召全國上下必須穿着綈製衣服，同時高價向魯、梁收購綈。規定一千匹綈可換黃金三百斤；一萬匹綈可換黃金三千斤。「重賞之下，必有勇夫」。於是魯、梁的國君勸令人民棄耕而織綈。當兩國荒棄農田，糧食出現嚴重短缺現象時，齊國立即封閉邊界，禁止輸入魯、梁之綈。

魯、梁一下失去巨額的外匯收入，嚴重的糧荒又無法在短時期內解決。此時魯、梁國君下令人民棄綈從農，為時已晚。兩國糧價已漲至百錢一石；齊國僅十錢一石而已。但齊國嚴禁糧食外運，在飢餓的威迫下，魯、梁經濟崩壞，人民大量逃奔齊國。這是管仲設計不戰而屈敵國的又一例。其他萊、莒（粵音舉）、代和衡山諸國，莫不如此，一一被齊降服。

勵精圖治　民富國強

齊桓公原是一位平庸的君主，沒有管仲，便無法完成霸業，安定中原。司馬遷也高度讚揚管仲說：「管仲懂得如何去發揚君主的長處，如何去匡正君主的過失，才把齊國治理得富強康樂。」這話一點不假。

有一次，桓公為了失去的寵姬，急於要攻打蔡國。原來，桓公的妃子中，有一位蔡姬，某次與桓公同船遊河，她把船弄得搖搖晃晃，桓公愈驚恐，她愈搖盪得厲害，桓公一氣之下，就把她送回蔡國。等到桓公怒氣平息，思念蔡姬，向蔡國索回時，蔡國國君已把她改嫁了。桓公暴跳如雷，馬上要出兵攻蔡，幸得管仲勸阻；但後來桓公執意仍要出兵，管仲不得已代為出謀劃策。他說現在楚國已有三年不向周天子納糧，派兵攻楚後，回程時以蔡不派兵共同攻楚為名，藉機滅蔡。一方面樹立了霸主威信；一方面免得被人批評出師無名，公報私仇。後來桓公依計而行，結果名利雙收。

管仲匡扶桓公，達四十年之久。《管子》一書雖是晚出，但其中所載，多是管仲相齊時的財政史實，頗可採信。他在《治國》篇提出「治國必先富民，民富則易治，民窮則難治」的理論，文中舉出五項財經措施，包括積極獎勵農業生產；將鹽、鐵、黃金收歸國營；維持國家財政收支平衡；保持物產運輸暢通及壓制通脹；整飭稅收，重頒兵役法等。

這些政策，都是當時的創舉，足以使齊國走上富強之途。

管仲臨終前，桓公向他請教誰可繼任宰相。管仲建議易牙、開方、豎刁都是十足小人，千萬不可重用，而推薦了隰朋。可惜桓公不納忠言，竟重用上述三位小人。桓公憂傷病逝後，竟兩個多月沒有人收殮他的屍體，落得個慘淡收場。

子產

清理田畝　溝通渠道

公孫僑，字子產，春秋時鄭國貴族。其生卒年代約為公元前五八〇至公元前五二二年。子產擔任鄭國宰相二十一年，他在內政上作了革新，在軍事上加強防衛，在外交上靈活應變。鄭國當時雖是一個小國，卻能在大國間周旋得體，為各國諸侯所尊重。

子產在國內第一件重大的經濟改革，就是把全國的土地加以丈量，把田畝之間的疆界劃定、渠道溝通，編成田地冊籍，確定了土地私有制，人民按田畝課稅，生活普遍得到了改善。使有土地者成了地主，也使佃農有了自耕地。百姓們先前憤怒的詛咒，現在變成愉快的歌頌。唱道——

我們的子弟，有子產來教導；

我們的田疇，有子產來墾殖；

子產如果去世，有誰來承繼啊！

歌謠中表達了人民對子產的愛戴之情。

子產第二項經濟改革就是按「丘」徵「賦」。就是把國家軍賦，從按照勞力分攤改為按田畝面積分派，歸田畝擁有者承擔。這項改革，阻力很大，尤其來自貴族方面。有民謠詆毀他道——

子國（子產之父）被尉氏射殺死了。

子產卻是個蠍子尾巴。

由他來治理政事，

國家將怎麼辦呀！

有人勸他注意輿論的批評。子產卻說：「只要對國家社稷有利，我無懼於死。為國家行善政要堅守到底，中途決不改變。不能讓反對者任意放縱，法度決不可改。」子產就是這樣一位硬漢。

執法貴嚴厲　用人重經驗

子產在鄭國，是實行法家政策的先導者。在他以後，鄭國出了多位法家人物，如鄧析、申不害和韓非等。

子產執政，主張行猛政，用法治。他曾說：「人見到猛烈的火就怕，故很少被燒死；但柔和的水卻為人們所忽視，因此被水淹死者多。」所以，行寬政不如行猛政，好使人們知所畏懼而不敢以身試法。

子產把刑書鏤刻在金鼎上，時為魯昭公六年（公元前五三七年）。當時有保守派起來反對子產所公佈的刑法，不滿意一些改革後的法律條文。有寫信批評子產的。但子產堅持此乃救國之道，拒絕撤回。

當時有人主張拆毀鄉校，以免民間議論時政。子產卻尊重民意，重視輿論，讓人民盡情批評，好讓執政者知所借鏡。

子產任內少有差錯，與他肯廣開言路、任用賢能有關。

一個人要經過學習訓練之後，才可給予參政的機會。否則正如一個未曾學過刀法的人就要他去宰牛劏羊，必定會出問題。

某日，子皮欲用臣屬尹何為家邑之宰，子產不贊成，因為不知他是否可勝任此職。但子皮喜歡尹何的順服。子產認為用一個人，要看他辦事是否有能力。正好比去田野打獵，如果沒有登車射擊的經驗，怎能獵獲野獸呢？子皮對子產的啟發，深感敬佩，於是感激地說：「你的意見很好。古人說君子知大者遠者，小人知小者近者。以前是先生治國，我治吾家。現在我知自己有所不足了，今後我的家務也得請先生指教了。」

商鞅

迎合僱主　推銷成功

商鞅，衛國人（今河南省）。又稱衛鞅，姓公孫氏，祖先是周武王弟，姬姓的衛康叔，其生年約略與孟子同時，死時其母尚健在，享年不到六十歲。

商鞅幼受儒業，又好法術之學。本來在魏相公叔痤屬下擔任公庶子的官，後因不受魏惠王重視，遂轉而事秦。

秦孝公之賞識商鞅，中間卻經過不少波折。商鞅先後多次用不同理論遊說孝公，最後為孝公聘用，可說是迎合僱主自我推銷成功的一個典型例子。

公元前三六一年，秦孝公以重賞封地和戶口徵求賢人輔政，商鞅遂西入秦國，藉寵臣景監得獲孝公召見。孝公卻聽得沉沉入睡。事後又責備景監不應推介商鞅來見。商鞅說，我是對孝公講帝王之道，可惜他不能開悟啊！五日後，景監再為商鞅要求見孝公，面談後，孝公仍不滿商鞅所論，又埋怨景監，景監亦再責備商鞅。商鞅說，這次我是講聖王之道，可惜他仍不能入耳。於是要求第三次再見。這次孝公甚滿意，卻仍不能用他。不久，孝公想起要景監再找商鞅談談。商鞅與景監談起上次和孝公談的是春秋霸主之道，提議用軍事和謀略稱霸天下，使孝公動了心。於是第四次相見，兩人促膝歡談了多天而不知厭倦。事後景監詫異而問商鞅，何以此次如此吸引孝公。商鞅說，我起初是講夏、商、周三代帝王之道。但孝公認為做一個及身揚名的君王已夠，哪能為了要成為聖王而鬱鬱悶悶地等待數十百年呢！於是我退而講君王強國之術，雖然比不上殷周的盛德，卻使孝公大喜，遂被聘用。

獨排眾議　舌戰羣儒

一項新制度的推行，首先得獲上級的支持，且要能獨排眾議，使異己信服。

商鞅推行政改之初，也煞費周章，曾舌戰羣儒。秦孝公既用商鞅以圖變法，又怕朝野多人批評他。商鞅說：「懷疑自己的行為便無法成名；失信自己的事業便不能成功。況且有高超行為者必遭世人非議；有獨特智見者必受人誹謗。愚者曖昧而難以成事，智者明察而顯見未來。人民是素來可與共享安樂而難以共捱艱苦的。德行高者不同流，成大功者不同眾謀。因此聖人為要強國，不必墨守成法；為要利民，不必遵循舊規。」孝公認為很對。

但大夫甘龍不以為然，道：「聖人不隨便改變民俗而施教；智者不輕易更換成法而管治。順着民俗而教化，不勞可致成功；依循成法而管治，官民均可安居。」商鞅駁道：「你甘先生所說，只是世俗一般淺見。常人安於舊習俗；學者泥於舊見聞。這兩種人只能墨守成規，是無法與他們討論改革圖強的經國大業的。夏、商、周三代聖王，各施行其不同的禮法而王天下；春秋五霸推行其尊王攘夷之道而霸諸侯。這就是智者作法而愚者受制於法；賢者改變禮教而不肖者受禮教的約束。」

接着大夫杜摯反對說：「要變法，除非新法的利益百倍於舊法；要換器，除非新器的功效十倍於舊器。遵循古法不會犯錯，恪守古禮不會出事。」商鞅又駁道：「治世之道很多，利國不必法古。商湯、周武不遵古制而能王天下，夏桀、商紂不革新禮俗而亡國。反對古法者無罪，遵守古制者無理。」孝公再次稱善，遂同意變法，時為孝公三年，三年後商鞅獲封為左庶長。

政經改制　首重信誠

商鞅變法，首先把街坊鄰里組織起來，以五家為伍，十家相連。大家互相檢舉告發，一家有罪而九家告發，如不告發，則十家連坐，當受腰斬之刑。

能斬敵一首級者，可晉爵一級，或得一個五十石之官位。如有匿藏罪犯或降敵者則處死刑並沒收其家產。

凡民間一戶中有兩位壯男而不分家、分田者，則加倍徵收其賦。

凡立軍功者，則可依法獲得上爵。

凡民間有私鬥者，則按情節輕重處以不同刑罰。

人人須以農事為本業，盡力於耕織。如耕織獲得超額之收穫者可豁免其勞役。

凡從事工商末利者或因懶惰而造成貧困者，則收錄為官府的奴婢。

凡貴族而未曾立過軍功者，則將其記入貴族冊中之戶籍撤銷。

官民人等按照其尊卑爵秩等級佔有不同數額之田地；至於畜養奴婢的數目及穿着的服飾、質料得按家族爵位高低而各有差異。

凡立功之家族可得顯赫之榮寵；無功者雖富有，卻仍受歧視。

各項法令既已準備就緒，未公佈實施前，商鞅恐民間不肯信守，乃豎立一條三丈之木於國都南門，告示凡有能將木條徙置於北門者可賞給十斤黃金。人民均感到怪異而無法相信，豈有如此輕易之事而可獲得重賞？無人搬動那木方是情理之常。

商鞅將賞金加至五倍為五十斤金，有一人姑且試搬之，立即獲五十斤金，使人民信服，遂公佈政經改革法令，從此民眾無有不遵守者。

刻薄少恩　作法自斃

商鞅在秦推行政經改革之初，由於用嚴刑峻法，百姓頗感不便，官員亦相當不滿。例如太子犯法，但太子是王位繼承人，礙難用刑，便處罰了太子的師傅公子虔和公孫賈。前者割鼻，後者刺面，這種種遂造成此後的積怨蓄禍。

但變法十年之後，山中無盜（山中以前有人盜掘礦產、伐林獵獸及取銅鑄錢等），路不拾遺，家家富足，鄉邑大治。其中主要的措施包括——把井田界線鏟平，荒地開墾，擴大了土地生產面積，並招請鄰國趙、魏、韓三國人民來歸，加入農耕行列，供應田地住屋，許以免服兵役，生產量自然大幅增長。

除了貴族封邑以外，把鄉鎮合成大的地方政府——縣，設置縣令、縣丞，增建了四十一個縣，以利中央政令的推行。

為了擴充版圖，向東推展，把原來的國都雍城（陝西鳳翔縣）遷都咸陽，以利統治。

商鞅又把全國的度（尺寸）量（升斗）衡（斤兩）制定出劃一標準，使人民繳稅經商，均感方便。這一切把秦國變得富強，使各國諸侯對秦另眼相看，紛起學效，也思圖強。

孝公因商鞅為秦立了大功，遂封他為侯，賜商於（今河南省）一帶十五個城給他，稱他為商君。但商鞅將不立軍功的貴族取消屬籍、對大臣施以酷刑、用不合國際慣例的陰謀手段擊敗魏軍、欺騙魏將卬等行為，也得罪了不少宗室貴戚。孝公一死，惠王即位，老臣貴族紛思報復，告他造反。由於商鞅自己定的法令，使他無法在國內藏身，逃到衛國，又被解返，慘遭車裂之刑（即五馬分屍）。

連太史公也不諒解，説他刻薄少恩。千年以後，王安石出，有詩讚道：「自古驅民在信誠，一言為重百金輕。今人未可非商鞅，商鞅能令政必行。」平情而論，稍後之秦始皇能使中國統一富強，商鞅之功不可沒。

韓非子

李斯忌才　韓非受屈

韓非，韓國諸侯的庶子。大約生卒於公元前二八〇至公元前二三三年。他崇尚黃老思想，喜好刑名。綜合了商鞅的「法」、申不害的「術」和慎到的「勢」，以集成法家思想體系。

韓非為人口吃，雖拙於言談，但擅長寫作。他和李斯都是荀卿的學生，李斯自認還不及韓非。

眼見韓國國勢日益衰弱，韓非多次上書諫勸韓桓惠王改革圖強，但未受採用。對於那些既不能修明法制來治國，又不能運用權勢駕馭臣下，更不能任用賢人以求富國強兵的君王，韓非是深痛而惡疾的，於是發憤撰述《韓非子》一書。

有一次，秦始皇讀到韓非的《孤憤》、《五蠹》等篇，便讚歎道：「我如果能和寫這文章的作者交遊，便死也瞑目了。」李斯插口道：「這是我同學韓非所寫，仍健在哩！」於是，始皇為要得到韓非而出兵攻韓。韓王懼秦急攻，只得把韓非遣送秦國。始皇大喜，但並未重用韓非。李斯、姚賈進讒道：「韓非是韓國貴族。王上要兼併諸侯，統一天下。而韓非敵視秦而暗助韓，是人情之常。今王上如不用他，送他回國，則不啻放虎歸山，不如殺之為上策。」

始皇於是將他治罪下獄。李斯差人送毒藥逼韓非自盡，韓非受屈而無處申訴。待始皇發覺欲赦免他時，為時已晚。時為始皇十三年。

論者謂韓非作《説難》，明知遊説之難，卻死於遊説，實在可悲。但這中間，仍有一些區別。因當時是始皇逼韓王安遣韓非入秦，並不是出於韓非自願。

《説難》理論　工商皆宜

韓非《説難》中，不但談到遊説之難，並且有很多精闢的理論，連今日的工商業者或企業家，也是用得着的。

該文中説：「事以密成，語以洩敗。」意即萬事在行動之前，計劃之時，一定要保守秘密，免受破壞。一間大公司要配股或供股，要合併或分拆，如事先走漏風聲，當事人一定大為緊張，並且鄭重否認。這説明了保密的重要。

為了要親近君主，取得君主的信任，大夫身份的百里奚甘願淪為奴隸；聖人伊尹做了商湯的廚師。為了取得老闆的信任，不惜隱藏自己尊貴的身份，甘願處於卑賤的地位。唐伯虎之贏得美人秋香，就是用這一招苦肉計。如要竊取對方的商業秘密，如對方的製餅技術一流，造成利市百倍，苦思不得其策之時，最好趁該公司招收製餅學徒時，前往應徵，不計待遇，以求錄取，以便竊得製餅秘技。

宋國有一富戶，天雨把牆塌壞了一角，兒子對富翁說：「不把塌牆修理好，恐有盜竊之禍。」鄰居也如此對富翁說。結果牆未修復，真的遭到盜竊。富翁讚兒子聰明而懷疑鄰居偷了他家的財物，「交淺不言深」，道理在此。

大臣關其思洩漏了鄭武公欲伐胡的秘密，鄭武公為了取得胡國信任，不惜對關某施重刑。這警惕世人不可隨便講別人的隱私。

春秋時代的衛靈公，當他寵愛大臣彌子瑕時，彌子因母病而偷駕了衛君的車，不但沒有施以斷足的酷刑，反而讚他孝順；二人同遊果園，彌子以摘食之桃甜美，把吃剩的一半送給衛君吃，衛君心存感激；但當彌子色衰愛弛時，得罪了衛君，便把以前所作認為是好事的，甚麼「偷駕君車」、「餘桃贈君」，一一秋後算賬。彌子行為未變，而是衛君愛憎之心已變了，侍候君主，得要小心啊！

獎耕戰　抑工商

凡一國的國力強則興，國力弱則亡。韓非認為明智國君的治國之道，最要緊的是重農而抑工商。一方面要減少工商遊食之民；一方面要增加從事農業生產的人。

糧食之所以能堆積滿倉，是由於人民都去從事耕農之本業；有了衝鋒陷陣的將士，國土才可擴大，國君威信才可樹立。

現在的情況是，國家對耕戰之士並不重視，反而使那些經營紡織、刺綉及雕刻等的手工業者富庶起來。那些陣亡將士的遺屬反而受凍捱飢，淪為乞兒；而陪着君主吃喝玩樂，穿着綾羅綢緞、乘着車馬的遊食之士卻過着富裕生活。

大家誇誇其談，如何重視耕農戰士，家中也藏有商鞅、管仲的法家之書，但國家卻愈來愈窮；大家也看重軍事，多藏有孫武、吳起的兵書，國家的兵力卻日益削弱。這都是因為空談耕戰者多，而實際上執耒披甲者少，有以致之。故韓非主張重實踐，去空言。

韓非認為處理政事，不能死守陳規。鄭國有一購鞋者，先在家中量好腳的尺寸，再到市場上買鞋，到達市場後，才知忘了帶尺碼，寧可回家去拿，也不願用腳試穿。這就是死守教條不放。但歷史在向前，社會在發展，即使堯舜復生，他們那一套政策也不一定能適用於今天。真正懂得治國者，不必一定墨守古法，也不需要遵循常規。變與不變，在乎聖王的合理判斷。

總之，施政不必老用固定的一套策略。正如《易經》所說的：「窮則變，變則通。」也正如《列子》所說的：先前所用的一套，可能今天要拋棄；今天所棄置的，可能將來會用得着。

斬樹不留根　種果擇佳種

韓非子善用比喻，多講寓言。他所說的道理，不但做人處世有用，而且做生意、搞企業，也用得着。例如「根深蒂固」、「守株待兔」等，大家已耳熟能詳，都是源出《韓非子》，這裏再談些別的。

像劍戟這種武器，落在愚蠢人手上固然可行兇惹禍，但在聖人手中則可用來誅暴君以造福人羣，看你如何使用，效果可能相反。

人們只知野牛與老虎有利爪與鋭角，卻不知萬物均有利爪與鋭角，不可不預先加以防範，以免被刺傷。

要順應天時，善用時勢。否則，即使有十個如堯、舜般的聖王，也不可能結出一個禾穗。

要防備無形的敵人。因為有形的敵人易防，正如避開燒紅的火那麼容易；但無形的敵人，貌似溫柔，卻處處設置陷阱，非小心不可。

一個製造車輛的人希望別人富貴，並非心存仁慈，只是擔心車輛無人要；一個製造棺材的人希望別人快死，並非心存殘酷，只是希望棺材能賣出去。這是叫人辨清事理。

要趨利避害。安全有利的就去追求；危險有害的就要避開。這是人之常情。

龍是柔順可騎的動物，但千萬不可觸及其喉下尺方的逆鱗；遊説者千萬不可觸及人主的逆鱗，不然凶多吉少。

砍樹不可留根，不可與禍害為鄰，如此災禍便不會上身。

種植橘柚，吃起來味道甜美，嗅着時氣味芳香。但多刺的惡木，長大後便會刺人，培植人才不可不慎加選擇啊！

老馬識途　蟻封儲水

韓非還舉出很多事例，值得搞企業者參考。

使公雞報曉，貍貓捕鼠。所用的每一個人都能各展其才華，君王治國，便可高枕無憂。這是要知人善用。

做事之前，先要有策劃佈置，定好規矩準繩。使之舉一反三，觸類旁通。

君王如不能保持神秘莫測，則偽裝成狗的老虎將會環伺你的四周；如不及早制止，則成羣的老虎將會羣起殺君。所以做老闆的，保持一點神秘的氣氛，不可讓下屬摸清底細，是有其必要的。

主人不能讓下屬掌權，猶如樹枝不能大於樹幹；君臣之間不可本末倒置，否則尾大不掉，主僕之間亦然。

秦君嫁女兒給晉國公子，衣飾華美的的陪嫁女子卻有七十位。公子後來竟愛上了陪嫁的媵妾，卻冷待了秦公主。楚人到鄭地賣珠，用美木雕成匣子，薰以香料，綴以寶玉，飾以玫瑰，結以翡翠，結果那鄭人買匣而還珠。秦君嫁女，買櫝還珠，兩事都與原意相違。所以做事貴實用，而非只重外表。

韓非說：「三人言而成虎。」說的是龐恭隨魏太子到趙國作人質的故事。任何一件事物，只要重複宣傳，假的必能成真。今日商家推銷商品，用的便是這種手法，可不慎歟！

任憑你有管仲般的賢能，有隰朋般的智慧（按：二人均為齊桓公時賢臣），遇到不了解的事物，便得虛心向人學習。某次，管、隰隨齊桓公伐孤竹，迷途時，管仲利用老馬帶路；隰朋到蟻窩掘到水飲。兩位高人藉助動物的智慧，才解決了難題。一位成功的企業家也當虛心請益有經驗者。

李斯

見鼠會意　遊說得官

李斯，楚國上蔡（今河南省上蔡縣）人。史書不載其生卒年月，但他與韓非同是荀卿學生。年輕時曾經做過管理文書的小吏。

有一天，他看到廁所中有老鼠在食糞便，一見到人或犬，便驚惶萬狀。

李斯也曾進入糧倉，見到糧倉中的老鼠，住的是寬敞的庫房，吃的是上好的糧粟，也不必擔心人犬的騷擾。

於是李斯歎息道：「人之有賢與不肖，與老鼠所為毫無分別，最要緊是自己知所抉擇。」

李斯自此決心跟隨荀子學習帝王之術。於是離鄉別井，去到千里外的蘭陵（今山東蒼山縣），拜荀卿為師。荀子門下，出了兩位名徒，一位是集法家思想大成的韓非，一位就是李斯了。

李斯學成以後，思前想後，認為如果留在楚國，不會有大發展，而當時齊、燕、趙、魏、韓諸國皆弱，恐怕亦沒有建功立業的希望。於是拜別老師，決心去遊説秦莊襄王。

臨別時，李斯坦率地對老師荀子説：「前人説遇到機會，千萬不可錯失，今各國諸侯爭天下，秦王有意併吞天下，統一稱帝，正是我輩平民奔走遊説的良機。卑賤是人生的恥辱，窮困是人生的悲哀。一個人如果長期處於卑賤困苦的境遇之中，實非身為士人的意願。所以我決定去遊説秦王。」

李斯到秦，適逢莊襄王死。退而求其次，求為秦相文信侯呂不韋的舍人。不韋賞識他，給他郎的職位。於是有了遊説秦王的機會。秦王接受了他滅諸侯以成帝業的建議。遂授李斯長史的官職（按：長史為丞相屬官）。

獻統一妙計　上諫逐客書

李斯第一次對秦王政的成功遊説，就是建議趁秦國強大之際，滅諸侯以統一天下。不然，諸侯再強起來時，便難以成事了。

秦王接受李斯計劃，立刻採取行動。秘密派遣謀士攜帶金玉去遊説諸侯。凡諸侯名士可以用金錢收買者，便贈送厚禮以結識拉攏；如不肯者，即暗殺之。並且離間各國之君臣，接着再派遣善於用兵的良將前往進攻。

秦王因李斯所獻之計奏效，乃再擢升其為客卿。此時正好韓國派間諜名叫鄭國者來秦，唆使秦鑿渠灌溉，不久為秦發覺。於是秦宗室大臣皆上奏秦王道：「各國諸侯派人來秦者，多數負有間諜任務，不可靠，請下逐客令。」

李斯因為是楚國人，當然亦在被逐之列。這無異打破了他的金飯碗，李不服氣，遂上《諫逐客書》。

李斯首先指出驅逐外國客卿的不當。早年秦穆公求士，聘用的五位大臣，都來自外國。包括戎人由余、宛人百里奚、宋人蹇叔，以及晉人丕豹和公孫枝，卒能使秦國稱霸於西疆。秦孝公用衛人商鞅，惠王用魏人張儀，昭王用魏人范雎。上述四位秦王，聘用的全是外國來的客卿，終使秦國富強，版圖擴充，奠定了日後統一帝業的基礎。説明任用外國人絕無不當。

換句話説，秦王當年如不聘用外國客卿，便無今日如此富利強大之秦國。

李斯提出的第二個論據是：既然秦王不歡迎外國客卿，那為甚麼要羅致外國的奇珍異寶，諸如崑山之玉、隨和之寶、明月之珠、太阿之劍、纖離之馬、翠鳳之旗、靈鼉之鼓，上述均非秦國產品，為何秦王喜愛它們？

人才不論國籍　富貴位高勢危

秦王所喜好者，尚不止上述珍玩，諸如夜光之璧，犀象之器，江南金、錫，西蜀丹青，宛珠之簪，傅璣之珥，阿縞之衣，錦繡之飾，甚至駃騠駿馬，鄭、衛美女，甚至鄭、衛、桑間、昭、虞、武象之樂章，無一不為秦王所心愛。但凡此種種，均非國產土物。

最後，李斯在《諫逐客書》中結論道：「夫物不產於秦，可寶者多；士不產於秦，而願忠者眾。今逐客以資敵國，損民以益仇，內自虛而外樹怨於諸侯，求國無危，不可得也。」

秦王讀到此上書後，大為折服。乃廢除「逐客令」，復李斯官職，並用其計謀，升他為廷尉。秦王政二十六年，終能統一天下，尊為始皇帝，以李斯為丞相。

秦統一天下後，凡有反抗者，皆遭屠殺；收集並銷毀全國兵器，以示不再用武；亦不再封立子弟和功臣為王或諸侯，以免再有爭鬥。

始皇三十四年，大臣淳于越進諫恢復封建制度。李斯反對，並建議除醫藥、卜筮、種樹木之書外，其餘詩、書、百家語之書，一概燒毀。始皇同意。使天下人不再以古非今，從此明法度、定律令，並外攘四夷，這一切李斯均有份參與。

這時期，一人之下萬人之上的李斯，其權勢尊榮已達到登峰造極的境地。其諸子全部娶得秦公主為妻；女兒們也都嫁給秦王族公子。某次，任職三川郡守的長子李由告歸咸陽，李斯為他在府上擺設筵席。前來賀壽的百官首長在其宅前停泊的車騎以千輛計。此時李斯忽然想起乃師荀子所言「物禁大盛」的話，乃喟然歎息道：「我李斯本是上蔡一位小百姓，皇上不嫌棄我駑鈍，擢升我到此地步。可謂富貴極矣！但物極必衰，不知將來是吉抑凶？」

為了貪圖祿位　甘心同流合汚

始皇於三十七年十月，出遊浙江會稽，山東琅邪等地，隨從者有丞相李斯、中車府令趙高及少子胡亥等。長子扶蘇因多次直諫王上，被派往上郡監兵（上郡在今陝西省），當時守將為蒙恬。

始皇出遊至沙丘（今河北省平鄉）時，忽患重病，自知不起，遂命趙高執筆，寫信給扶蘇，大意道：「將兵權交給蒙恬，趕快來奔喪並主持咸陽喪禮。」信已封好，尚未送出，始皇已駕崩，此遺書及皇璽皆在趙高手上。

當時知始皇死者，只有胡亥、李斯、趙高及宦者五六人而已。李斯因主上途中死去，尚未欽定太子，恐生變，乃秘而不發喪。假裝皇上仍乘坐轀輬車中，百官如常奏事，由宦者批示奏章。

趙高此時示意胡亥可製假遺詔助其即位，不然扶蘇到來，即將立為皇帝。胡亥反對說：「廢兄而立弟是不義；不奉父命而妄想嗣位是畏死而不孝；材質淺薄要靠他人之助是不能。三者違背道德，天下人不服，且危及生命、國亡宗滅，將無人祭祀。」經趙高再三勸解，胡亥終於接受。但此事若不與丞相商量，恐不能成事。遂對李斯說：

「皇上駕崩時，有遺書給長子，謂喪葬完畢而立為嗣。今書未發，皇上崩，未有知者，遺書與符璽皆在胡亥那裏，決定太子憑你我兩人之口，你認為怎麼樣？」李斯起初不同意。及至趙高動之以利害關係，謂扶蘇即位，必將信任蒙恬而封其為相；而胡亥則慈仁篤厚，輕財重士。接着又說：「如聽臣之計，即可永久封侯，世世襲爵。如若不從，則禍及子孫。」李斯終於同意，詐為受始皇詔丞相，立胡亥為太子。

貪圖爵祿　阿諛自保

趙高與李斯合謀，不但偽造遺詔立胡亥為太子，而且偽造始皇假遺書，命令扶蘇與蒙恬自殺。蒙恬不信而拒絕，而扶蘇為人仁孝，即自殺。蒙恬被囚禁於陽周（今陝西安定縣）。使者回來報告，胡亥、李斯、趙高大喜。接着替始皇辦好喪事，立胡亥為二世皇帝。趙高任郎中令（相當於侍衛長），經常在宮中侍奉皇帝。

胡亥在趙、李的串謀下，輕易做上了皇帝，便想起人生苦短，最愜意莫如盡情玩樂。於是與趙高商量。趙高認為，始皇所用舊臣均在朝，且扶蘇雖死，但始皇有二十餘子，均為胡亥兄長，也得擔心政局有變。二世急問如何是好，於是依趙高定出嚴法苛刑，殺老臣，並將公子十二人（均為胡亥之兄）及十公主處死，沒收其財產，受牽連者不計其數。

胡亥的其中一位兄長公子高想逃亡，恐全族遭殃，乃上書請死後葬於驪山足下。胡亥賜錢十萬以葬。

此時法令日嚴，大臣人人自危。二世命造阿房宮、馳道等；賦斂更重，徭役不停，因此促成陳勝、吳廣的叛亂，各地豪傑紛紛稱王自立，李斯多次想進諫又不獲准許。

有一天二世責問李斯，謂：「古代的堯帝，對自身的衣食住，弄得極端的刻苦，個人的生活都不能使之安適，那還談甚麼安天下而治萬民？吾願肆志廣慾，永享福樂，你看如何？」這樣一來，把李斯想勸諫他的一番話也堵塞住了。此時各地羣盜叛亂，連李斯長子治理的三川郡也無法平靜。李斯擔心自己性命不保，又貪圖眼前的爵祿，背後已有人批評堂堂宰相為何把國家搞得如此動亂。李斯只得上書阿諛奉承，以博取二世的歡心。

佞臣讒害　大臣上當

李斯給二世的信中大意說：「堯、禹為天下人而刻苦自己。就是堯、禹賤而天下人貴；我們如尊重為人所賤之堯、禹，便失去真正尊賢之心。」總之，李斯此信的主旨是貶抑堯禹，排斥儒說而崇揚申、韓法家的嚴刑峻法，亦不給百姓改過自新的機會，以討好二世皇帝。

二世閱信後大喜。因此督責百姓更嚴，認為斂取重税者才是明吏；路上的行人幾乎有一半都是已受刑事處分的，被處死者堆積於市。殺人多的才算是忠臣，才為二世所賞識。

此時趙高利用政府的苛法殺了很多人，擔心有一天大臣向二世揭發其陰私，故建議二世不必與百官見面，一切由趙高處理。皇上可以垂衣拱手而天下自治。二世於是不再上朝視事。

趙高風聞李斯向二世談及此事，便設計打算陷害他。有一天他對李斯說：「關東盜賊作亂日多，而皇上又急着多派徭役給人民以建造阿房宮。我想勸諫，但地位低賤。這確實是丞相的職責，先生何不進諫？」

李斯回答說：「我早就想勸諫了，可惜主上居深宮，不上朝。我想講的無法傳達，想見皇上也沒有機會啊！」

趙高說：「先生如真有心勸諫皇上，讓我為丞相留意進諫的機會吧！」於是趁着二世由眾妃嬪陪伴他玩得開心時，便派人告訴丞相道：「皇上正閒着，現在去上奏吧！」

李斯不知是計，如此接連三次碰了壁，弄得二世怒火沖天道：「我平日空閒的時候，丞相不來；我吃喝有私事時，丞相偏來請示，是否丞相存心要出我的醜呢？」

趙高此時乘機煽風點火道：「這真是太危險了！丞相也曾參與沙丘之謀，今陛下已立為帝，但丞相的地位沒有再提高，恐怕李斯想割地稱王了。」

為權為利　彼此攻擊

趙高在二世面前不但讒言李斯有割地而王的野心，而且誣告叛亂的楚盜陳勝是李斯同鄉，說擔任三川守的李斯長子也不肯剿滅陳勝，任其橫行轄區，還說他們之間有文書來往，在外間，李斯已權重過皇上了。

二世聞言，就有懲處丞相李斯之意，但傳言尚有待證實。於是派人查證三川守與陳勝等勾結的情況。此事亦為李斯所聞。

此時二世在甘泉（按：甘泉是陝西山名）觀賞鬥獸的遊戲，不能接見李斯。李斯不得已，上書訴說趙高的缺點。信中大意道：

「前人曾說：為臣的如果想與國君勢均力敵，那就會危及國家；為妾的如果想與丈夫爭權，那就要危及家庭。現在如有大臣在皇上之側專斷獨行，那其權力就和皇上的權力無異，便有麻煩了。今趙高有詭反之言，並有私家之富，已經好像篡齊的田氏，到了功高震主的地步。皇上如不及早打算，恐會生變。」

二世回說：「為甚麼呢？趙高不過是一位宦官。據我的了解，他的為人，不因為處境安適就任所欲為，不因為遇到艱危就改變對主上的忠心。他潔行修善，才有今天的地位。他因對我盡忠守信而升職。我認為他是一位賢者，你卻懷疑他，為甚麼呢？況且我年幼失去先皇，見識淺，也沒有治民的經驗。你丞相已年邁，恐怕要與國事絕緣了。我如今不把國事交給趙高，又交給誰呢？且趙君年富力強，下知民情，又能順從孤意，你老丞相必勿懷疑了。」

李斯反駁道：「事實不然，趙高是個卑賤之人，不懂治國平天下之理，卻有無窮的貪慾，權勢已與主上不相上下，所以小臣說他是個害人的東西！」

大興宮室　重斂賦稅

俗語說：「惡人先告狀。」二世已信了趙高之言，且在過往日子裏，趙高侍奉二世極殷勤，而李斯能見二世之機會極少。此遂引起二世親趙高而遠李斯。

此時二世恐李斯會殺他，便暗中告訴趙高。趙高對二世說：「丞相最忌恨我的存在，如果我死了，丞相就會如田常一般篡弒主上。」於是二世說：「把李斯交給郎中令法辦！」

趙高審訊李斯，李斯被繫獄中，仰天歎道：「天哪！真悲慘！無道之君，怎能為他出謀劃策呢！從前夏桀殺賢臣關龍逄；紂殺王子比干；吳王夫差殺伍子胥。以上三位大臣，難道不忠嗎？卻都難免一死。乃是死在所忠於的對象並非賢君。今我智慧不及上述三位賢臣，而二世的無道卻過於桀、紂和夫差。我所以盡忠於二世而被殺，也是應該的呀！

況且二世胡亂治國，早前弒其兄弟而自立，殺忠臣而貴賤人，興建阿房宮，重稅賦斂天下百姓，我並非沒有勸諫二世，卻是忠言逆耳。

古代的聖王賢君，飲食有節制，車輛器具有數量，宮室有限度，頒佈法令或興辦事情，凡浪費貲財而對民眾利益無補的一概禁絕，所以能使國家長治久安。

今二世對兄弟叛逆反常，不顧後患，殺害忠良，從不考慮會有災殃。大興宮室、重斂賦稅、不惜財物，上述諸惡，一意孤行，要天下人民順服是決不可能了。

今反叛者已佔秦人之半數，而二世仍然死不悔改，卻以小人趙高輔政，我不久必可見到寇盜侵入咸陽而造成一片荒涼景象，那時朝廷中見到的將是一羣羣四處奔跑的野獸。」

於是二世命趙高治李斯父子為謀反罪。

書陳立業　冀獲赦罪

李斯父子（子李由）被控謀反罪下獄後，其宗族賓客亦被搜捕。

趙高懲治李斯，用木棒擊打千餘下，在痛苦難忍下，李斯終於屈打成招。李斯所以不自盡，是自以為有辯才，且有功於秦王朝，也並無造反之心；亦希望僥倖有機會上書陳述自己的冤情，希望二世明白過來，能赦其罪。李斯在獄中上書道：

「臣為丞相治理百姓，已有三十餘年。先王時（指秦始皇未統一中國前）秦地不過千里，兵數十萬，臣以薄才執行法令。暗中派遣謀臣攜帶金玉，去向諸侯遊說；一面整備武裝，加強政教，任名門士為官，提高功臣爵祿，終能逼迫韓而搞垮魏；破燕、趙，平齊、楚，卒能俘虜諸侯，兼併六國，立秦王為天子。這是臣罪之一。此時秦國疆土並非不廣，又北逐胡、貉，南定百越（按：

百越指兩廣），表現了秦之強大。這是臣罪之二。

尊崇百官大臣，擢升其爵位，以鞏固大臣們與秦皇室之間的親密關係。這是臣罪之三。

立社稷，修宗廟，以彰顯明主之賢。這是臣罪之四。

改革統一度量衡及文字諸制度，佈告天下，樹立秦之好名聲。這是臣罪之五。

治馳道，開發遊覽勝地，以見主上之得意。這是臣罪之六。

緩刑罰，薄賦斂，以滿足主上得眾之心，受萬民愛戴，死而不忘，這是臣罪之七。

像我這樣的有罪之人（故作反面說法），早就該受罰處死。幸主上准臣在朝盡力，才能活到今天，願陛下察之。」

這封上書卻為趙高所扣留，還說：「囚犯怎有資格上書？」

功不能抵罪　貪利祿喪命

趙高扣留李斯給二世的奏章後，又糾集自己的門下客十餘人，假扮御史、侍中等官員對他作疲勞審訊。李斯將實話對他們說。趙高又命役卒棒擊之。

稍後，二世派人調查李斯。李斯以為同前幾次一樣，只要說實話就會受刑，終於不敢改正上次屈打成招的口供，書面承認自己犯罪屬實。

定罪的判決書呈上後，二世高興地說：「如果沒有趙高，幾乎為丞相所欺騙。」

二世又派人處理三川守李由的案子，時李由已被項梁擊殺。

使者回京後，丞相已交給獄吏看管，無法對證。於是趙高改變使者調查所得的實況，還假造了一些李由叛變的話。

二世二年七月（公元前二〇八年），將李斯定罪受五刑（按：五刑指黥、劓、斬左右趾、笞殺之。如有誹謗者，先斷舌，謂之具五刑。），再腰斬於咸陽市。

當李斯及其中子被押解赴法場時，李斯看着兒子說：「我想同你再牽着黃犬在家鄉自由自在地過打獵的那種日子，將再也不可得了。」父子相擁哭，終於被夷三族（按：三族指父族、母族及妻族。）

李斯已死，二世拜趙高為中丞相。從此一切事均取決於趙高。趙高自知權重。一日獻鹿給皇上，故意說是馬。二世詫異地問左右道：「這不是鹿嗎？」左右都說：「是馬。」二世驚恐，自以為有鬼附身，依太卜占卦後的建議，二世去上林齋戒。二世以繩箭射獵時，射殺了行人。趙高向二世進諫道：「天子無故殺死良民，為上帝所不許，當離宮禳之。」二世遂搬住到望夷之宮。

不久，趙高命二世自殺，高欲篡位自立，可惜百官反對，遂立始皇弟子嬰。

子嬰立位後擔心趙高弄權，遂命宦者韓談刺殺之，並夷其三族。

墨家

墨子

兼相愛　交相利

墨子名翟（粵音迪），姓墨，魯人。清儒及近代學者中，有認為墨子不姓墨的。「墨」字的本義是一種刺面塗色以為奴隸標識的刑名。司馬遷的父親司馬談尊儒而重道，卻不喜墨家；因此司馬遷所著的《史記》中並無墨子專傳，只把他的姓名附綴在《孟子荀卿列傳》之末而已。

墨子曾做過宋國的大夫，因此亦有人說他是宋人。墨子生於周敬王末年，卒於周安王十年左右，享年超過八十歲。

墨子所處的年代，正逢戰禍連年，民生艱苦。而且他又看不慣貴族人士所過的那種特殊奢侈的生活。墨子面對着這樣一個動亂的大時代，他雖曾「受儒者之業，興孔子之術」（按：墨子生時，孔子已逝世，此處蓋指私淑孔子。），但卻另外產生了一套與孔子不同的治世學說。他決心把社會現狀大加革新，與孔子所主張的溫和而穩健的儒家學說大異其趣。

能言善辯、擅長用比喻是墨子的長處。他提倡兼愛主義，其理由是天既愛天下所有的人，所以人與人之間，也應該「兼相愛、交相利」才對。其他節用、節葬、非樂、非禮、非命、非攻、尚賢及尚同等等理論，均是從「兼愛」推衍而生。

能堅毅不拔地去勵行其人生理想，是墨子偉大而超卓的精神人格表現。因此，墨子的言行在當時確曾博得一般人的重視，其學說也就風行一時。當時輿論就以「孔墨」或「楊墨」並稱；到孟子時，墨子與楊子，幾乎和儒家成了三分鼎足之勢。

重實用　尚和平

與墨子同時的公輸般（魯班先師），曾窮三年之力製造了一隻木鳶，可連飛三天；有一日向墨子誇耀，墨子不甘示弱，用了一天工夫造成一架載重三十石的木車，既可行遠路，又耐用。譏笑木鳶僅供玩賞而毫無價值，説明了墨子重實用。

孔子周遊列國，墨子也曾到過楚、宋、鄭、越諸國。遂有「孔子無黔突，墨子無暖席」的美譽。意即他們兩位每到一地，連煙囪尚未冒煙，來不及煮頓飯吃；或者剛坐下來，連板凳尚沒有暖，便又得匆匆趕到別的地方去。以此來形容他倆的奔波勞碌，為國為民。

周貞定王時，楚君聘請魯國公輸般製造攻城的雲梯，準備進攻宋國。一向主張「非攻」的墨子，聞訊大為緊張。便兼程步行十晝夜，趕到楚都郢城，一面責問楚惠王，說楚國擁有五千里地，又兼有長江、漢水和雲夢澤之利，並盛產犀牛魚鹿、長松柟木，富庶無比，卻為何要去攻打土地貧瘠狹小的宋國？一面與公輸般展開了一場假設的攻防戰，結果公輸般無法取勝，楚惠王只好罷兵。

若干年後，楚國又想侵犯鄭國，墨子不以八十多歲高齡為苦，仍三次長途跋涉，前往楚國勸阻魯陽文君，終於使楚君打消了攻鄭的念頭。

墨子主張非攻，具備了「赴湯蹈火在所不辭」的大無畏犧牲精神，就是因為「興師以攻伐鄰國」，違背了兼愛主義，而且足以造成嚴重破壞財富的惡果。

努力生產　節用節葬

墨子推行兼愛，是要天下人「兼相愛而交相利」。增加生產遂成為天下第一要事。他主張人民要從事緊張的勞動。不然，「食者眾而耕者寡，生財少而用財多」，便會造成國困民貧。因此，農夫應該早出暮入，努力耕稼，多儲菽粟；婦女應該夙興夜寐，勤勞紡織，多治絲麻。如果怠於耕稼樹藝，或怠於紡績織紝，則天下衣食之財，必將不足。如果人人努力以赴，奮力從事勞動，則國家必富而不貧，百姓必暖而不寒。

凡男子年屆二十，女子年十五，均應男婚女嫁，及早成家，以便積極投入生產行列。至於其他從事各行各業的，凡製作車輛的、製作皮革的，及陶工、金工、木工等匠人，均須站穩崗位，各盡所能，全力從事手工業生產。

苟如單靠努力生產，而人人奢侈濫用，生財雖密，卻「用之急」，也是徒然。所以墨子一面主張要生財密，一面也要「用之節」，即把生產和用財聯繫起來，提倡「節用」，作為促使民富國治的主要手段。

墨子認為飲食只求簡單能溫飽，不必同時吃兩種穀類或肉類，能使四肢強健、耳聰目明就夠了；穿衣只須深色布帛或粗葛，能冬暖夏涼便可；用來運載的車船能便利遠行即可，不必裝潢華麗；居室可以抵禦雪霜雨露；牆垣足以使男女有隔便夠。

也要節葬。死者只須穿三套衣服；棺木三寸厚；生者也不必久喪用哀，應把三年喪期減至三月，喪事完畢，即恢復工作，以免浪費財物，荒廢生產。

君民同心　增民增財

墨子不但要百姓節儉，而且也要國君節儉。他認為國君不應向人民橫徵暴斂，以免剝奪人民衣食之財。如果統治者不節用，則「國家必貧，人民必寡」。所以他很反對統治者積儲珠玉財寶，把玩鳥獸犬馬，並限制衣裳、宮室、甲盾以及舟車的裝飾華麗。上下同心，節約費用，便可使財富成倍增長。

為了節約，所以要非樂、非禮；為了增利，所以國君用人唯賢，不可從貧富、貴賤、遠近或親疏關係上作計較。

在節用的同時，墨子主張減少非生產的人口，理由是不願意見到消費者眾而生產者少。一面卻大力強調增加勞動人口。他一再呼籲「欲民之眾而惡其寡」。因為人手不足，便無法開墾多餘的土地。

如何增民呢？就得實行「非攻」；主張「天下無寡夫」，鼓勵生育；減低死亡率……這一切都是為了增加勞動人口。

墨子最崇拜的古代聖人是禹。禹治洪水，決江河，疏通四夷九州，濬治江河數以百計。禹平日一身布衣草鞋，親自操耜（粵音治，古代農具）挖土，以疾風梳髮，用大雨洗頭，勞累得使腿脛上的毛都脫光了。墨子以為不以禹為榜樣，便不配稱墨家。墨家要遵守嚴格的紀律，過艱苦的生活，守信重諾，捨命護主。墨學之所以不彰，是由於世人無法認同那種缺少人生藝術情趣、以自苦為極的生活方式。但墨子那種摩頂放踵利天下而為之的堅毅刻苦精神，卻仍是值得後人崇敬的。

晏嬰[1]

枵腹從公　勤政愛民

晏嬰，字仲，春秋齊國時萊地人（今山東省高密縣）。其生卒年代約為公元前五七八至前五〇〇年之間。晏子一生為齊國靈公、莊公及景公三朝服務。他之能在景公時代被擢升為宰相，説來有一段曲折的經過。

當時晏嬰還是一位山東東阿市的地方官，上任三年後，地方人士抨擊他日益猛烈。於是景公召回他面責，想把他免職。晏嬰要求再給他三年機會，務必挽回施政低劣的聲譽……三年之後，

1 晏嬰的言行與思想，很難歸於儒、墨、道等特定一家。晏嬰其人早於墨子，其尚儉、愛民等思想、言行，對後來的墨家學派影響較大，墨家門人甚至編彙了記載其言行的《晏子春秋》一書。故本書在「墨家」部分收晏嬰生平故事。
——編者註

果然好評如潮，使景公大為驚異，遂再次召見問個明白。

原來晏子頭三年管治東阿，是將各村鎮的惰民壞人、土豪劣紳，有違法劣行者，加以懲罰，甚至下獄。即使對親信也不徇情，對豪門決不奉承。因此造成上述各類人士的攻擊與詆毀。但這次再去，近三年的施政，他一反常態，不再表揚勤勞，也不責罰懶惰。處處維護土豪惡霸的劣跡罪行，對親信求無不應，對豪門大族極盡奉承之能事。因此博得了一片讚譽之聲。其實他從前的作風應該受到稱揚，現在的倒行逆施應該受到申斥才對。

景公恍然大悟，對晏子的治國能力深為嘉許，才把國事完全託付給他，任命他為宰相。三年後，齊國的政壇呈現一片新氣象，無論內政、外交都煥然一新。

但是，晏子雖貴為宰相，生活卻極清苦。有一次，正是午飯時刻，景公使者來到，晏子分出一半飯菜給來使享用，使者卻不能果腹。使者回報王上，景公命以千金及市租賜給，但晏子再三拒收。景公召見他道：「從前先王桓公賜一萬二千戶領地給管仲，他都接收了，你何以拒絕我的賜贈呢？」晏子說：「管仲是智者千慮有一失，我是愚者千慮有一得。」其實晏子所得俸祿並不少，但是他將所得財物分贈給家族、親友和領地人民了。

謙遜自抑　用人唯才

晏嬰對選拔人才相當重視。不但政府要用人唯才，即使一間公司或一個機構何獨不然。晏子似乎也給予任職者長達三年的試用期。

有一次晏子去晉國，在途中遇到為人拘禁、正在服勞役的賢人越石父。他就用一匹拉車的馬把越石父救贖出來，同車回到家中，晏子下車逕入室內。越石公覺得受冷落，便告訴其家丁求去。晏子大感驚訝，便整衣出迎，謝罪道：「我雖非德高之人，卻總算搭救了你，何必這麼快離去呢？」

越石父說：「外人使我受委屈，我無話可說。你既肯救我，便是知己，但卻對我冷淡無禮，我便無法忍受了，所以告辭。」晏子聽後，肅然起敬，拉手同入室內，待如上賓。

做了齊相的晏子，某日乘車外出，他的馬車伕的妻子偷偷窺視着丈夫的動靜。只見他抱持着車蓋，揚鞭策馬，一副傲慢得意神氣。等他回家，妻子提出要離婚，理由是：「做宰相的晏子，身高不足六尺，聲名遠播四方，看其神態卻謙恭卑遜，思慮深沉穩重。你呢？身長八尺，只是位馬車伕，卻趾高氣揚似的，似乎非常了不起。所以要和你離婚。」從此，這車伕神態變得謙遜了，囂張的表情也收斂了。晏子覺得奇怪，問明原委，車伕告以實情，晏子因此薦舉他為大夫。擢升他是為了他能勇於改過吧。

有一天，晏子要解僱服務已有三年的家臣高糾。原因是他從未遵守過晏府的三條家法：一是説話時從容不迫；二是與人交往要讚揚對方長處；三是明察國事，謙虛接待士大夫。使晏子更為不滿的，就是他從未指出主人的錯處。晏子身為宰相，正需要手下提點他的錯失。晏子經常不客氣地勸諫景公，這正是他的為官守則。

功歸主人　過歸自己

齊景公本是一位平庸的君主，但他在位五十八年中，主要是靠晏嬰的輔佐和勸諫之功。能接受勸諫，可說是齊景公的優點。

有一天，兩人在池邊談天。晏子説：「衣不如新，人不如舊。」景公道：「是啊！衣服是新的好，朋友相處久了，了解日深，情誼日篤。這是必然的。」不久，晏子以年老無能請辭。於是景公親自治國，弄得百姓大亂，景公急忙再召回晏子。晏子首先搞好生產事業，墾闢田疇，養蠶樹桑，牧馬餵豬。沒有多久，便把齊國的經濟搞得蒸蒸日上。連墨子也稱讚説：「景公已無計可施，晏子卻懂得治國之道。」

晏子常用不同的方式勸諫景公，且相當有效。某次，景公趁晏子去魯國訪問，便下令大興土木，建新宮。當時正值隆冬天氣，服役的百姓凍死無數，景公又聽不進別人的話。人民唯有盼望晏子快點回國。

晏子回國，聞悉此事，進宮陳述完外交事務後，便以無道昏君凍死百姓的民謠相唱。景公會意，答應停工。説時遲，那時快，晏子急忙趕赴工場，下令民工加緊施工，不得怠慢。正當民工們憤怒失望交加之時，景公的停工令到達了。大家高聲歡呼，榮耀歸於景公，代王受過的卻是晏子。孔子讚揚道：「把功勞歸給君王，過錯卻自己承擔。晏子真是賢明大臣的好榜樣。」

某年，雨雪連下三天，景公身披白色狐皮大褸，對剛進來的晏子説：「真奇怪，下雨下雪三天不停，卻不覺得寒冷。」晏子答道：「天氣不寒冷嗎？」景公笑了，晏子繼續説着：「天氣不寒冷嗎？」景公笑了，晏子繼續説着：「臣聞古代的君子，飽而知人之飢，暖而知人之寒，逸而知人之勞。你卻不知道啊！」景公悔悟，於是下令把棉衣粟米拿出來賑濟貧民。

犯言直諫　為民請命

晏子向景公進諫，善於利用每一個不同的場合和不同的時機，時而犯言直諫，時而談笑諷諭，有時「打蛇隨棍上」，給景公來個措手不及。

有一次，景公關心晏子的住處，很想替他造一座新府邸，因為晏子住的是一所近街市嘈雜的舊居。景公滿以為平常受晏子的揶揄指責多了，這次可以挖苦他一下。「那你知否街市上的物價，哪些最貴，哪些最便宜呢？」景公得意地問道。「那當然是踊最貴，鞋最廉啦！」晏子毫不思索地答了出來。原來這話是有刺的。踊是受過刖足之刑者所穿的鞋，因為受刑者多，踊賣到斷市，自然大幅漲價。景公聽後肅然改容，便下令輕減刑罰。

景公好酒色女樂。有一次，飲酒七日七夜不止。弦章以死諫君道：「願主上廢酒，不然，臣寧願被賜死。」這倒使景公為難了。廢酒吧，便是被下屬所制服；不廢酒吧，便得犧牲弦章，於心有所不忍。便求計於晏子。晏子說：「弦章幸而遇到賢君啊；不然，如果是桀紂般的暴君，弦君還有命嗎？」晏子這回用的是激勵讚揚的話，使景公毫無選擇餘地，只得戒酒。

一日，景公與封人（典守封疆之官）同遊麥丘，見其銀鬢飄拂，問後才知已有八十五歲。景公讚他高壽，要他祝福幾句。「願君王高壽，可以執政治國。」「願王子高壽如臣下。」「好！再祝吧！」「願王上不得罪人民。」「只有人民得罪君王，哪有君王得罪人民的？」晏子聞之諫道：「主上之言差矣！桀紂暴君是被君王所殺抑被人民所殺呢？」景公省悟，還將麥丘賜給封人。

晏子勸諫，有時婉轉，有時激烈，有時直斥，用辭技巧，機敏多變，但為民請命，關懷民隱則一。

士不可窮　國不可壞

晏嬰輔政，隨時隨地予景公以教訓。有一次，景公所養的愛馬暴斃，遷怒於養馬伕，正命左右執刀行刑時，晏子見狀忙止之，並對景公說：「這馬伕死得不明不白，總不太妥當，讓我來宣告他的罪狀吧。」「主上命你養馬而死了馬，死罪一也；殺死了景公最愛之馬，死罪二也；使景公為了一匹馬而殺人，使百姓積怨主上，使諸侯輕視齊國，都是因為你養主上的愛馬養死了而造成，死罪三也。現在交給獄吏法辦吧！」景公聽了，喟然歎道：「夫子放了他吧！免得敗壞我的名聲。」晏子常用急智拯救不少將無辜被殺之人。

某次，景公出獵，上山見虎，下澤見蛇，驚惶地告訴晏子，問是否會有不祥之事發生。晏子說：「國家有三不祥。有賢人而不知，一不祥；知賢人而不用，二不祥；用賢人而不信，三不祥。見到虎蛇，等閒事耳，算不得甚麼不祥。」

有一次景公又問晏子道：「有甚麼辦法可以使謀必得、事必成呢？」晏子答以謀度合乎道義，辦事不違民意，必可成功。辦大事得厚利，辦小事得薄利，只要有利於人民，決無失敗之理。

晏子就是這樣謹慎地匡扶着國君，使之減少犯錯。

晏子亦是一位外交長才。他多次出使楚國，楚國在當時文化水準較齊、魯諸國為低，以武力逞強，章法不按外交禮節。有一次要晏子從狗門進去。晏子説，出使狗國才從狗門進入。又有一次，楚王故意叫手下綁着一個齊國人在晏子面前經過，説明此人犯了偷竊罪。

晏子説此人在齊國時本是好人，一到楚國就變壞了，這就是「橘逾淮而為枳」的出典。晏子出使各國從未有辱使命。孔子以「不出樽俎之間，折衝千里之外」盛讚晏子。

晏子死後兩年，其兒女拆看遺囑，卻並非甚麼遺產分配，只是四句話：「不可剪短可以裁製衣服的布匹；不可使騎用的牛馬過於疲憊；不可使有才幹的士人窮困；不可任由國家敝敗頹壞。」遺言全以經濟為着眼點。愛國之心，躍然於字裏行間。

晏子一代賢相，其事跡令人感奮。連司馬遷也説：「假如晏嬰還在，我願意當馬車伕服侍他。」可見對他的仰慕之深。

縱橫家

蘇秦

田肥民富　國可稱霸

蘇秦是戰國時代的東周洛陽乘軒里人。他的生年已不可考，只知他公元前二八四年去世。他一生事業的主要活躍時期是在他晚年的十多二十年中。

蘇秦有五兄弟，他排行最小，其弟蘇代、蘇厲都是能言善辯的遊說之士。

説來也頗奇怪，蘇秦和張儀，這二位戰國時代的著名縱橫家，一般的説法是，蘇秦合縱，張儀連橫。其實，蘇秦早期是搞連橫的，只是當時秦惠王不接受，他才到燕趙等國，搞起合縱來了。

蘇秦曾師事鬼谷子習權變之術。學成後，他曾到秦國，向秦惠王勸説，條陳秦國有吞併、統一天下之條件，他道：

「秦國四周有天然屏障，有羣山掩映，渭河環境，東據黃河，西擁漢中，南攝巴、蜀二郡，北涵代、馬邑，田土肥美，人民殷富，沃野千里，蓄積饒厚，加上戰車萬輛，形勢險要，真是一個天府之地，天下之雄國也。以大王之賢，百姓之眾，兵馬之強，財力之富，王上足可兼併天下，統一各國，稱帝而治！」

但秦惠王不以為然，並說：「寡人聽古人說，一隻鳥毛羽不豐滿者，不可高飛；一個國家的道德蓄積不厚，不可以使民；政教不昌順，民情不安定，也不可以討伐別國的。」

遊說秦王失敗，蘇秦的皮褸已穿破了，百兩黃金的盤川也已用盡了，在財物匱乏生活困窘的情況下，只好回到老家洛陽去了。

為求功名富貴　苦學終於有成

蘇秦早期外出遊說多年，不僅秦惠王沒有接受，而且到處碰壁。周顯王因為左右的臣子早就看不起他，所以也不信蘇秦浮而不實的空論。

蘇秦到趙國，趙肅侯以其弟趙成為宰相，並封趙成為奉陽君，奉陽君很討厭蘇秦，也不用他。在用盡旅費的情況下，蘇秦只好回家。

一踏入家門，狼狽瘦黑的蘇秦不但得不到家人的安慰，反而遭受百般歧視與冷待。妻妾並不理睬他，照舊織着布；嫂嫂也沒有為他下廚做飯；父兄們也不招呼他。因為家人原不喜歡他去幹這一行，只希望他安分地搞點工商業，博取些微利潤就好。現在竟弄得灰頭土臉回來，難怪人人看不起他。

又尷尬又羞愧的蘇秦，痛定思痛下，檢討自己失敗的原因是讀書不足，學識不精。為要取得未來的富貴尊榮，他決心重新苦讀，便從書箱裏找出一本《陰符經》。此書本是姜太公呂尚為助周得天下寫的兵書。蘇秦悉心鑽研，讀書到深夜要打瞌睡了，便「引錐自刺其股，血流至足」。經過一整年的苦讀，頗有心得，便寫成《揣》和《摩》兩篇文章，認為用這套道理可說服各國諸侯了，於是再次重整行裝，準備東山復出。

蘇秦先後遊説燕文侯、趙肅侯、韓宣王、魏襄王、齊宣王和楚威王，完成六國合縱抗秦的盟約，成為六國宰相。最後他向趙王覆命，途經洛陽，隨行的車騎滿載金銀財貨，六國諸侯派使者送行，儼然如帝王出巡，連周顯王也到郊外迎接。蘇秦的家人也一改從前鄙視他的臉色，待他猶如上賓。

遊說必先了解對方財力國力

話説當年蘇秦重出江湖，遊説各國諸侯，終於成功地被封為六國宰相。但其間卻遇上了不少波折。

他之能遊説成功，主要原因是事先了解各國實際情況，熟知各國的財力國力，先建立諸侯們的自信心；其次是巧言善辯，向對方動之以利，使諸侯樂於接受他的合縱聯盟計劃。

蘇秦首先前往遊説燕文侯。先講説燕國的形勢，東有朝鮮、遼東，北有林胡、樓煩，西有雲中、九原，南有滹沱河、易水，形勢堪稱險要。至於財富國力，燕國擁有二千多方里土地，士兵數十萬，戰車六百乘，乘騎之馬六千匹，儲存的糧食足夠食用好幾年。此外，南方的碣石、雁門可輸入外來物資，北方遍植棗栗，即使農民不耕作，棗栗的收穫也十分富足，真是個天府之國。

接着蘇秦說出燕國應疏遠秦國，結交趙國的原因。因為秦國如欲攻燕，必先通過雲中、九原、代、上谷等地，兩國相距數千里，即使得了燕城，也無法長期固守。

但趙國如要攻打燕國則易如反掌。攻擊令一發出，數十萬大軍不出十天便可抵達燕國東境，渡滹沱，涉易水，四五天內便到燕國京都。所以燕國採取遠趙親秦的政策實為錯誤。故燕國能與趙國南北合縱始為上策。

燕文侯自認國力仍弱；但假如西面的趙和南方的齊都同意參與縱約，則燕國亦願奉陪。

此時奉陽君已去世，蘇秦便決定前往說服趙肅侯。燕侯贈送他一批車輛馬匹、黃金布帛，以壯行色。

資助大量財物　遊說多國諸侯

蘇秦一到趙國，先贈送一頂高帽，推崇趙肅侯是位能行仁義的賢君，過去趙國的錯誤都怪奉陽君不是。

接着蘇秦指出，趙國地大物博，有二千多方里地，幾十萬軍隊，千餘輛戰車，戰馬萬多匹，存糧足夠多年之用。趙國西有常山，南有漳河，東有清河，北接弱燕，形勢險要，更無足懼。而韓魏又為趙國南部的屏障，使秦不敢攻趙。

蘇秦繼而對趙侯利誘說，趙國如接受其政策，必可使燕國獻上出產皮毛及狗馬牲畜之地，齊國必贈送盛產魚鹽的領海，楚國則贈送產橘柚的園地，韓魏和中山也會獻呈部分土地的稅收，而貴戚父兄都可以受封侯。這些利益，都是春秋五霸想冒死追求的。而趙侯卻可安坐國中，獲得上述眾多利益。

如趙國與燕、齊、楚、韓、魏等國聯盟，則有百利而無一害。否則，趙國如與秦交好，則韓魏無山川之險，將為秦國蠶食而吞滅，接着而來的，是秦必舉兵向趙。

蘇秦又列舉古代大禹，不過一百部眾而能稱王於諸侯間；商湯、周武士官不過三千，戰車不過三百輛，兵丁不過三萬，其所以能立為天子，皆因有平天下之道。

所以一位賢明的領袖，要外能知敵強弱，內有自知之明，不待兩軍交鋒，敵我兩軍，孰勝孰敗，已了然胸中。

趙肅侯聽了這番陳述，深以為然，決定接納蘇秦建議。便資助他裝飾華麗的轎車一百輛、黃金一千鎰、白璧一百對、錦緞一千匹，以便邀約各國諸侯加盟。

有雄厚財力生產精良兵器

正當蘇秦欲離趙往他國遊說之際，周天子將祭拜文王、武王的胙肉賣給秦惠王。

秦王卻派兵攻魏，俘獲魏將龍賈，奪取魏地雕陰。蘇秦恐秦王進一步攻趙，便用激將法使其同窗張儀入秦遊説，自己則前往韓國勸説韓宣王。

蘇秦對韓國的版圖疆界非常熟悉。北面有成皋的險固，西有商阪要塞，東有洧水為隔，南有陘山作屏障。九百多方里的疆域上佈置數十萬軍。韓國武器的精良，在戰國時代好似今天的美俄。他在韓宣王面前，繼續讚美道：

「大王之國所產的弓弩，其強勁為天下之最。像谿子弩呀，時力弩呀，距來弩呀，都可以勁射到六百步外。貴國的士卒，可接連發射達一百次，可射穿遠處敵人的鎧甲而傷其身體，更可射穿近處敵人的心窩。貴國多個城市都能出產極為鋒利的寶劍戈矛，陸上斬牛馬，水面射鵠雁，抗敵時足可砍穿堅甲鐵衣。披甲上陣的士兵，射勁弩，揮利劍。強勁如韓兵，賢能如大王，必能無堅不摧，所向無敵啊！俗語説：『寧為雞口，毋為牛後。』大王是沒有理由去侍奉西方的秦國呀！

況且秦國有貪得無厭的野心。得了宜陽，又望成皋；今日割一城，明天獻一地；貴國土地有限，秦國貪求無窮。不必打仗，貴國已自取滅亡。大王豈非蒙羞。」

韓宣王聽了勃然大怒，揮動雙臂，怒睜豹眼，手執長劍，誓與秦國勢不兩立。請蘇秦轉告趙王，韓國樂於加盟合縱的陣營。

蘇秦馬不停蹄，遂急速向北前進，再去遊説魏襄王。

兵強馬壯民富　何必低頭稱臣

蘇秦一到魏國國土，席不暇暖地立刻求見魏襄王。他用詫異而帶感歎的語氣對魏襄王遊説道：

「據説大王受主張連橫政策的人誤導，擬向虎狼般的秦國百般遷就。貴國將侍奉該國，被封為秦國在東方的藩屬；並為秦國建造巡狩用的行宮；並且接受秦國的文物制度，協助他們春秋兩季的祭祀，出錢出力，巴結唯恐不力。大王真是何苦啊！」

魏王聞言，頗感慘然。蘇秦不待對方有所反應，滔滔不絕地接着述說道：

「我真為大王不值，考量貴國的財力物力，決不比楚國差。貴國的軍力強大，聽說有武士二十萬、奴卒二十萬、精銳先鋒敢死隊二十萬、民伕二十萬、戰車六百輛、戰馬五千匹。比諸春秋時代的越王勾踐和周武王不知要強大多少倍。根據歷史記載——越王勾踐以三千殘兵敗卒，憑勇氣先擒了吳王夫差；周武王以三千武裝部隊及三百輛戰車，推翻了紂王。貴國田地盛產糧食，房舍遍佈，城鎮商業繁榮，車馬喧嚷，一片經濟富庶景象，又有如此強大軍力。大王竟接受數名歪臣建議，準備向秦國稱臣，實在太不值得了。」

蘇秦不讓魏王有所答辯，引用一個強有力的比喻繼續說道：

「古書上記載：要鏟除草木，應趁它還剛是嫩苗的時候；如果等它長成大樹後，非用斧頭猛劈不可，這不是徒增麻煩嗎？依小人之計，不如接受趙王的六國合縱聯盟之計吧！」

魏襄王點頭稱善，蘇秦又說服了一位。下一個遊說的對象便是齊宣王。

紡織製衣創匯天下之冠

齊國地處海邊的山東，本為盛產漁鹽絲綢之鄉。所謂「衣履冠帶天下」，當時天下各國的鞋帽服裝，都要靠齊國供應。可見齊國當時的紡織製衣業之盛。

蘇秦要遊説齊國，當然更易如反掌。他一見到齊宣王，便讚美道：

「貴國的地形背山面水，東南兩面有泰山、瑯邪兩座大山阻隔，西北兩面又有清河、渤海為界，真是四塞之國。

貴國地大物博，幅員二千餘方里。甲士數十萬，粟麥堆積如山丘。貴國的精鋭部隊，鋒利如刀，快速如箭；交戰時如雷霆般威猛迅捷，無人能敵。

記憶所及，貴國歷史上的戰役，似乎僅僅調動臨淄一地的軍隊已足。敝人估計臨淄三萬戶中，已有可用精壯男丁二十一萬人，足以應付任何戰役。」

接着蘇秦談及齊國的工商業盛況，和齊國人民的生活富庶景象，手舞足蹈地高談闊論道：

「談到貴國臨淄市的盛況：車輪碰撞着車輪；肩膀挨靠着肩膀；衣裙連接起來，成為闊大幔幕；衣袖揮舞起來，宛似龐大帳幕；行人羣眾流出來的汗水，簡直像傾盆大雨。家家殷實富足，工餘休閒活動多姿多彩，有鬥雞賽狗的，有弈棋踢毬的，有吹竽鼓瑟的，有彈琴擊筑的，個個意氣風發，神態飛揚。

當今還有哪國比得上貴國般的富強！而且貴國不如韓魏般鄰近秦國，又有天然屏障，更不必擔心秦國入侵。依小臣之計，向秦稱臣為下下之策，參與六國合縱才是上策。」

毫無疑問，齊宣王又被勸服了。

合縱可獲巨大政經利益

蘇秦再次復出，首先遊説燕文侯。燕文侯厚贈金玉車馬，要他再去遊說趙國。趙肅侯同意合縱抗秦的聯盟政策，資助重金委託蘇秦依次遊說了韓宣王、魏襄王和齊宣王，都一一順利成功。最後尚待遊說的，只剩下楚威王。

蘇秦先把楚國的富強大大誇讚一番，對楚威王說：「貴國是當今天下強國，四圍地勢險要，擁有五千多方里土地，甲兵百萬，戰車千輛，戰馬萬匹，存糧足用十年，以楚國之強與大王之賢，天下莫能當。大王有稱霸天下的足夠實力，何必西面向秦俯首稱臣！」

蘇秦審度天下的形勢，認為根據前人的經驗，楚國如要生存，也唯有合縱孤秦一途。蘇秦慷慨陳述道：

「現在天下大勢，楚強則秦弱，秦強則楚弱。楚秦兩國，勢不兩立。為大王着想，與燕、趙、魏、韓、齊各國合縱，以孤立秦國，是為上策。古人說：凡事當趁其未亂之時治之；禍患當乘其未生之時防之。如不及早防備策劃，待秦軍來攻武關、黔中，則鄢、郢危矣。」

最後，蘇秦說之以利。謂楚國如參加合縱，將得到的巨大政經利益是：

「首先，趙、魏、韓諸國將一年四季向楚國奉獻財物；三國訓練出來的士兵，將為楚國所用；趙、魏、韓將成為楚國的衛星國家。

其次，韓、魏、齊、燕、趙等各國之能歌善舞的美人將成為楚王後宮的妃嬪；燕代所產的橐駝良馬將充實楚國的馬廄。合縱的好處真是說之不盡啊！」

楚威王聽了大為心動，於是六國合縱的大功告成。蘇秦遂成為六國之相，權傾天下。

憑三寸之舌將十城歸燕

蘇秦為六國之相，但六國聯盟總部卻設在趙國。蘇秦便長駐於趙。趙肅侯封他為武安君。蘇秦要做的第一件事，便是正式以文書知會秦國六國合縱結盟的事。

秦國從此不敢東侵六國，世界太平了十五年之久。但悶局總得設法打破。不久，秦國威迫齊魏二國，一同攻打趙國，趙王怒責蘇秦，蘇秦恐懼，便要求出使燕國，同時立誓要向齊國報仇。蘇秦一離開趙國，這六國聯盟條約也等於無形中宣佈解散。

此時，秦惠王展開婚姻外交，將女兒嫁給燕太子。這一年文侯死，太子繼位，即燕易王。齊宣王趁燕王國喪而出兵掠取燕國十城。

燕易王埋怨蘇秦道：「從前先王資助你去遊説趙國，終於促成訂立六國盟約。現在齊國先後攻打趙燕二國，都是先生一手造成，你能為燕國取回那失去的十城嗎？」

蘇秦十分過意不去，便答應為燕王取回失地。蘇秦到齊國對齊王説：「燕易王今為秦王女婿，齊國取得燕國十城，無異於與強秦為敵。正如雀鳥吃了有毒的食物，雖可暫時飽肚，卻要擔心遲些會被毒死。」齊王大驚失色，急問如何是好。蘇秦獻計道：

「古人善於處事者，都能逢凶化吉，遇難呈祥。大王若照我建議，立刻將十城歸還燕國，這樣不僅燕王高興，秦王得知此訊，也必歡喜。如此釋仇恨而結情誼，使燕秦親近齊國，以十城取得霸王事業，何樂而不為啊！」

於是齊國將十城歸還燕國。蘇秦也急急返回燕國。

張儀

有舌頭何患無名利

張儀，魏國人。他曾經與蘇秦一齊師事鬼谷先生。蘇秦還覺得自己的才學比不上張儀。

張儀學成後出而遊説諸侯。有一次，張儀到楚國陪侍楚相飲酒。後來，楚相不見了一塊玉璽，他的一位門下客懷疑道：

「張儀是個窮鬼，平時行為又不好，這塊玉一定是他偷的。」

於是把張儀捆綁起來，鞭打了數百下。張儀死不承認，只得把他釋放了。張儀踉踉蹌蹌地回到家中。妻子挖苦説：「嘻！如果你不唸勞什子書，也不去遊説，怎會受到如此侮辱？」

張儀心中不服，強忍着痛，問妻子道：「你看我的舌頭還在嗎？」

「舌頭當然在啦！」妻子笑着說。

「那就好了。」張儀回答道。

正當此時，蘇秦已成功說服趙王，得趙王資助將遊說各國結盟抗秦。但恐怕合縱未成前，秦國已出兵率先攻打諸侯，合縱恐受破壞。因此想到張儀是位可利用的人才。於是派人去遊說張儀道：「先生與蘇秦有同窗之誼，且交情不俗，今蘇秦已飛黃騰達，先生何不往訪，以遂先生的夙願？」

張儀覺得有理，便起程赴趙，求見蘇秦。而蘇秦早有安排，吩咐手下不得引見，又設法不得讓張儀離開。如此拖延了數天，蘇秦才接見這位老同學。首先讓他坐在大堂下，賜給他一頓平時僕妾們所用的飯餐。

張儀明知不是滋味，為了盼望老友給他安排一份工作，只好忍受。

用激將法搞平衡術

張儀吃完了這頓粗茶淡飯，滿懷希望。冷不防蘇秦用歧視的眼光，奚落責備他道：

「以你的才能，竟落得今天如此困頓的地步。老實說，不是我蘇秦無法使你富貴，而是你不值得我提攜你。你另想辦法去吧！」

張儀被遣走後，滿肚子的委屈，心想，來見老朋友，原想得點好處，如今卻反受侮辱。愈想愈氣惱。但事在人為，求人不如求己。考慮到其他諸侯不值得去投靠。唯有秦國有困擾趙國的能力，遂決定前往秦國活動。

另一方面，張儀一走，蘇秦即刻吩咐他的舍人道：

「張儀是天下的賢士，我的本領還遠遠不及他。現在我僥倖能受趙王重用；張儀卻是到秦國去搞外交工作的最佳人選。可是他窮困非常，連去秦國的盤川和治裝費都沒有着落。現在我擔心他得些眼前小利便已知足，不知追求更高的名利。所以特別召他來羞辱他，以激勵他的志氣。你現在暗中送一筆錢給他。但千萬不可說是我給的，你只顧裝着是位路見不平拔刀相助的義士好了。」

蘇秦把這事稟告了趙王，撥出一筆數目可觀的金幣，還備了車馬，派遣人暗中跟隨張儀。派出的舍人在張儀歇腳的客棧裏住下來，設法與張儀接近，並把金錢車馬送給他，供給他所需要的一切。

張儀始終被蒙在鼓裏，不知這一切都是蘇秦所安排設計的。

張儀得此不速之助，終於到了秦國，也謁見了秦惠王。秦王憑一席傾談，便請他擔任客卿，共商討伐諸侯的大計。

盜楚城以報鞭打之仇

張儀已擔任秦惠王的客卿，那位蘇秦派來的舍人見目的已達，便向他告辭。張儀勸阻道：

「多得先生的鼓勵資助，才有今天的顯貴，正想對先生有所報答，先生為甚麼要離去？」

這舍人回答道：「資助先生的並非我，實為蘇秦。他擔心秦國可能破壞趙國的合縱計劃，唯有先生去秦國，為秦國出謀劃策，才能把這件事擺平。所以一面用激將法刺激先生；一面暗中差遣我來侍候你。這都是他的計謀啊！現在先生既受秦王重用，我也好回趙國向蘇先生作個交代。」

張儀聞言，感歎地說：「這種技術我何嘗沒有學過，竟被蘇秦瞞天過海。我實在不及他。我今剛為秦王所用，怎能對付趙國？請你為我向他道謝，只要有蘇秦在，我決不敢對付趙國。事實上，有他在趙國，我哪有能力動趙國一根毫毛！」

不久，張儀便擔任秦國的宰相。寫了一道檄文警告楚相道：

「從前我陪你一道喝酒，你家失去一塊玉璧，我沒有偷去你的玉璧，你硬是賴我所偷，竟狠狠鞭打我。現在，你小心守護住你的國土吧！我會來盜取你的都城。」

正當此際，四川及湖北一帶的蠻夷正互相攻擊，並同時向秦國告急。秦惠王想派兵討伐蜀，但蜀道險狹難行，東面的韓國又來擾邊。秦王準備先伐韓，再伐蜀，恐怕遭遇不利；但如果先討伐蜀，卻又擔心韓國的偷襲。

秦王正猶豫不決之際，朝中出現了兩派不同意見——分別為司馬錯主張先伐蜀，張儀則主張先伐韓。

擴土為富國　富民為強兵

攻韓抑先攻蜀，秦惠王猶豫不決，張儀和司馬錯又各持己見，於是對張儀說：「請先生先講說先伐韓的理由！」

張儀述說道：「我們首先與魏楚二國親善。請魏國出兵截斷韓國北面的通道；再請楚國出兵攻打韓國的南部；我們秦軍則出擊韓國西部的新城和宜陽地區，致使韓三面受敵，韓國便旦夕可下。於是我軍再進迫東周及西周的郊區，討伐周王；同時攻佔楚和魏的領土。周王自知大勢已去，必獻出傳國之寶九鼎及彝器。我國既據有九鼎及天下的圖籍，便可挾天子以令諸侯，那時天下諸侯，都不敢不從，這就完成了統一天下的王業。

反過來說，如果取得偏僻的蜀地，征服了當地的戎狄。弄得疲兵勞眾，不僅不能揚名天下，得到這樣一塊荒瘠土地，也談不上甚麼利益。聞古人有說：『在朝廷為爭名；在市肆為爭利。』今魏、楚、周室，乃天下朝廷、市肆之地，而大王不去爭，卻去爭戎狄之地蜀，並非王天下之道！」

司馬錯卻不以為然，他分析應當攻蜀為先的理由道：「古人有言：『拓展領土為了富國；富庶人民為了強兵；廣施恩德為了統治。』具備上述三個條件，便可以王天下。現在秦國地狹民貧，凡事當先從容易的着手。今如攻西僻的蜀國，猶如豺狼逐羊羣。取得蜀地足以擴展領土；取得財源足以富民強兵，不傷兵卒而蜀已臣服；而且師出有禁暴止亂之名，可謂名利雙收；反之，如攻韓而劫周，未必獲利，卻背上不義之名，則秦國危矣。」

秦惠王聽完二人意見，遂作出決定。

不顧道義原則　只為名成利就

如果為了急功近利，可採取張儀的先聯合魏和楚而攻韓，再而攻魏、楚而滅周室，奪取九鼎而號令天下。但知易而行難，而且又得擔上不義的臭名。而司馬錯的取蜀而奠定秦國富強的基礎，易行而得實利，也不會招各國之忌，因此秦惠王決定採取後策。

惠王對司馬錯的意見十分讚賞，因此出兵攻蜀，不數月便攻下蜀國，並將蜀王貶為封侯，又派遣陳莊為蜀相。秦國併吞蜀而益發富強，亦因富厚而傲視諸侯。

秦惠王十年，張儀奉命攻取魏國蒲陽，降服了魏。張儀又勸說秦王歸還蒲陽給魏，並送公子繇去魏當人質。然後，張儀藉機前往魏國遊說魏王道：「秦惠王對貴國不薄，大王亦應有所回饋，以作報答！」

因此魏王將上郡和少梁兩塊地獻給秦國，作為答謝。秦王大喜，封張儀為宰相，並將少梁改名為夏陽。

張儀任秦相四年，正式立惠王為王。一年後，又為秦國取得陝州，並為上郡築成防禦的要塞。兩年後，他出使與齊楚宰相在齧桑地方召開的高峰會議（按：齧桑為衛大夫的采邑，今江蘇省沛縣一帶）。

會議後回國，張儀為了秦國，被免去秦相職位，派到魏國去當宰相。目的是要使魏事奉秦國，以作為其他諸侯同來事奉秦的榜樣。

魏王不肯聽從張儀。秦怒而攻魏，奪取曲沃和平周等地。秦王暗中卻更厚待張儀。張儀因任務未完成而慚愧，繼續留魏達四年。

贈土地美女　令楚王動心

魏哀王繼襄王去世而立，張儀再勸哀王事秦，哀王又拒絕。張儀便暗中通知秦軍攻魏。魏軍大敗，接着，齊軍又敗魏於觀津。

秦再次出兵伐魏，殲滅魏軍八萬人，諸侯們大驚。張儀又趁機遊說魏王道：

「魏國土地不足一千方里；軍力不到三十萬；土地平坦，四疆無高山大川阻擋，易為四方諸侯所侵。南方的楚、西方的韓、北面的趙和東面的齊，都可輕易入侵。戍守四方的士卒就有十萬人以上。結交了另一方，得罪了任何一方，都可能招致攻擊。大王如不事秦，則秦必先制服韓，再而攻打魏，貴國危矣！如大王事秦，亦不再有楚、韓之憂患，大王可高枕而卧。大王千萬勿輕信搞合縱的人，不可為他們的能言善辯而迷惑。俗語說，羽毛雖輕，聚集多了也可沉船；輕物裝載多了也會折斷車軸；羣眾異口同聲的批評，可使金屬熔解；集合眾人的毀謗，也可銷毀硬骨。大王別再猶豫，與秦通好吧！」

於是魏哀王背棄了合縱的盟約，與秦和好。張儀返秦復為宰相。三年後，魏又背秦而加入合縱。秦攻魏而奪得曲沃。第二年魏再事奉秦。

秦王想攻齊，奈何齊楚合縱結盟，於是張儀出使楚國，遊說楚懷王，道：

「大王如與齊絕交。秦國願意獻上商、於之地六百方里給貴國，並揀選秦國美女，作為服侍大王的妃妾。秦楚之間互通嫁娶，永為兄弟之邦，實為最理想的上上之策。」張儀的獻計，就等楚懷王的答覆了。

憑口才獲封相、得厚禮

與秦交好，既得贈地，又得美女，楚懷王大喜，馬上應允，羣臣皆賀。唯有陳軫獨持異議。

楚王生氣地說：「寡人不費一兵一卒，便可得六百里地，羣臣皆賀，子獨哀傷，這是何故？」

陳軫答道：「事實不一定如此發展，我國不僅得不到土地，而秦與齊結盟，則禍患必至。」

楚王要他解釋理由，於是陳軫說：「秦之所以看重楚國，因為與齊結盟之故，如與齊絕交，楚國一孤立，秦國怎會贈商、於六百里地給我們？屆時張儀返秦，知我國與齊絕交，齊、秦聯合必來攻楚。依臣之計，暗中仍與齊聯合，佯為絕交；同時派人隨張儀赴秦，如能順利取得商、於之地，再與齊絕交也不遲；不然，聯齊仍是上策。」

楚王不聽勸，乃授給張儀相印，贈以厚禮，並派遣一位將軍隨張儀赴秦準備接受贈地。

張儀在返秦途中，明知隨行的楚將為接受贈地，便設計如何擺脱。於是，他假裝在路上不小心墜馬車受傷，回秦後三個月不上朝。楚王聞知，以為楚國絕齊不夠徹底，遂差遣勇士借了宋國的信符去痛罵齊王。齊王大怒，情願降格與秦建交。

張儀見時機成熟，才上朝對楚國使者說：「我國秦王有土地六方里願意賜給貴國。」楚使者辯駁說：「我是奉楚王命來接收商、於六百里地，並未聽説是六里。」

楚使無功而還，面告楚王，楚王大怒。陳軫雖然再向楚王獻計，但楚王卻並不接受陳軫的計策。下節再談陳軫所獻之計。

以生命換地　博王上歡心

楚王原以為張儀奉秦王命願獻六百方里地給楚國，條件是楚懷王與齊絕交。怎知楚國與齊絕交後，張儀便變了卦，只肯給楚國使者六方里地。於是楚王大怒，陳軫獻計道：

「請王上息怒，此時亦不可派兵攻打秦國。事情既到這步田地，倒不如割地送給秦國，趁此機會與秦結盟，聯合攻打齊國。如此，則我國割給秦國的土地損失，便可從齊國身上取回，這才是我們的存活之道！王上請勿遲疑。」

楚王執拗不聽，派遣將軍率兵攻秦。秦齊兩國聯合擊楚，楚軍被殺死八萬，該名將軍亦陣亡；楚國也喪失了丹陽及漢中一帶土地。

楚王不服，又派軍二次擊秦，號稱藍田大戰。又敗，楚又割讓兩城，與秦求和。秦國進一步脅迫楚國以武關外的土地換取楚國沃土。此時楚王恨張儀入骨，氣憤地說：

「我不願換地，只要秦國肯把張儀交出來，我就奉送黔中美地。」

犧牲一個張儀，便可得回一大塊土地。秦惠王心中當然十分願意，但礙難啟齒。此時，張儀竟自告奮勇願去楚國，反倒使秦王為他擔心起來。張儀道：「我與楚大夫靳尚份屬好友，由他請楚夫人鄭袖出面向楚王講數句好話，必定無事。且對我們秦國使節，楚國亦不敢亂來；即使被殺，為秦國取得黔中地，也是值得！」

於是他計日起程到達楚國，楚懷王立刻把他逮捕下獄，準備殺他。

此時果然大夫靳尚出來遊說鄭袖，憑一番話，終於救下了張儀。

送地贈美女　贏取歸降心

張儀自願鼓勇前往楚國，幾遭殺身之禍。幸有好友靳尚出來，求助於楚王寵姬鄭袖，只憑靳尚數句話，便輕易地救了張儀。他對鄭袖説道：

「張儀是秦王最寵愛信任的一位大臣，秦王極不願意見到他為楚王所殺。現在，張儀被捕下獄，秦王必千方百計要施救他。秦王必將採取積極的拯救行動，聞已計劃把秦國上庸一帶六個縣及美人贈送給楚王，又配贈秦宮中善唱歌曲的女子作為陪嫁，以求贖回張儀。楚王必然喜歡秦王的提議，那時楚王心中只有秦國來的絕色美人，而夫人你肯定將遭受冷待。依臣之計，趕快為張儀求情，把他放走吧！」

鄭袖信以為真，便日夜向楚王哀求釋放張儀，説道：「如果殺了張儀，激怒了秦王，秦來攻伐楚國，我母子只好逃難流亡了。」

楚王聽後，深受感動，便赦免了張儀，把他釋放。但他仍留楚國，俟機勸説楚王道：

「秦國版圖已佔天下之半，猛卒千餘萬，兵車一千輛，戰馬萬餘匹，糧食堆積如山，地據險要，國富兵強。天下各國，誰敢與秦爭鋒？當今主張六國合縱以抗秦的人，正如趕着羊羣去進攻猛虎一般。聚集弱國以攻強秦，實在打錯算盤，必敗無疑。況且秦軍從水路順流而下，十日內可達楚境，三個月內楚國必危。現在秦王願把公主作為大王的姬妾，再贈送萬戶大邑，作為大王徵收賦税的湯沐之具，永為兄弟之邦，互不攻伐，豈非善策？」

楚王已得張儀，理應送出黔中之地。正躊躇間，對這建議倒動了心，但屈原卻提出了反對意見。

國力兵力　韓不如秦

當張儀勸說楚王應與秦國結盟時，楚王亦有意答允。屈原卻提出反對意見道：

「大王曾為張儀所騙，他既來到楚國，理應將他處決，現在不僅把他釋放，反而接受他的胡說八道。大王千萬不可再信他，要仔細三思！」但楚懷王認為接受張儀的建議可得回黔中之地，於楚國有利，終於與秦和好，拒絕了屈原的勸諫。

張儀見遊說目的已達，便離楚赴韓，向韓王遊說道：

「貴國領土多屬貧瘠山區，只能種些旱地作物如菽麥之類，每年糧食不足，還得用糟糠補足；至於貴國的兵力，能夠作戰的只有二十萬人而已。而秦國卻有精良戰馬一萬匹，驍勇善戰的士卒逾百萬，即使聯合六國之兵來攻，也不是秦國的對手！貴國唯一最佳的出路，便是聯合秦國，共同攻楚。既從楚國獲得土地的利益，又可博取秦國歡心，豈非大好？」

韓王同意張儀的建議。秦惠王獲知此訊息後，便封張儀為武信君，並且賞賜他五個都邑，接着又派他去遊說齊湣王。

張儀本來就是靠一張嘴吃飯，真是應驗了所謂「留得舌頭在，哪怕沒名利」。這次他又得風塵僕僕，趕着上路到東方的齊國去遊說齊王。

張儀勸說齊湣王道：「現在有多位主張合縱的人，都誇讚貴國人口眾多，民富兵壯，是世上最強之國。但與秦國比較，仍有所不如！現在秦楚已經結為兄弟之邦，韓魏趙三國均已獻地以事秦。貴國也趁早事秦吧！不然，如韓魏聯合來攻，那時想要事秦，恐已遲矣！」

善於權變　利己害人

張儀一席話，使齊王不得不自認鄙陋，便答應為了齊國的長遠利益，從此歸順秦國。於是張儀再去勸説趙王道：

「從前貴國接受蘇秦的合縱政策，聯合六國共同抗秦，使秦兵不敢越出函谷關有十五年之久。但蘇秦用邪説炫惑諸侯，又想顛覆齊國，終於遭受車裂之刑。今合縱政策已失敗，楚國已和秦結盟，韓和魏已為秦國藩屬，齊國亦已獻上豐盛的魚、鹽給秦國。我勸大王亦應及時與秦王和談，才是上策。」

趙王道：「敝國先王受奉陽君蒙蔽，才弄成參加合縱而疏遠貴國。今敝國願意割讓土地以事秦。正準備車馬，要前往秦國請罪之時，先生你前來勸告，實在太好了。」張儀見趙王同意，便又匆匆北赴燕國，勸燕昭王道：

「貴國一向親趙國。但趙王設計擊殺代王；又曾二次攻打燕國，逼大王割讓十城請罪。現在趙國已決定割地事秦。貴國如能事秦，便不愁齊趙來犯。」

燕王馬上答應，並願意把恆山旁的五個城邑獻給秦國。

張儀遊説各國的戰果豐碩，正在返秦述職途中，聞秦惠王死，武王繼位。

秦武王向來討厭張儀為人；很多大臣都毀謗張儀，説他不守信用，為了個人名利而出賣多個國家，勸說秦王不可再用他。此時，各國諸侯聞說武王不喜張儀，都紛紛放棄連橫而恢復合縱政策。張儀因同僚攻擊他日益猛烈，恐性命不保，便設法使秦王派他去魏國，在魏一年，死在宰相任內。司馬遷對蘇秦和張儀都沒有好評，說他們善於權變，張儀的作為，較蘇秦更差。

兵家

孫武

王者之道　厚愛其民

孫武，字長卿，春秋末年時齊國樂安（今山東省博興縣）人。祖先是春秋時陳國厲公系的貴族。孫武的祖先陳完因陳國政變，恐禍患株連而逃到齊國，受齊桓公的厚待，本可封為客卿，但陳完謙讓，只擔任工正之職（按：工正即工匠的頭目），並改姓田氏。其後田氏子孫在齊世代為官，為周天子立為齊侯，到孫武的祖父陳書，已是陳完的第五代孫子了。

至於孫氏之姓，是因陳書「代莒有功」而由齊景公賜給。吳王闔閭三年，伍員向吳王推薦從齊奔吳的孫武，那是在公元前五一二年，此時深究兵法的孫武，大概已有三十歲左右了。

孫武一生發揮其軍事學識與行動，當在春秋吳國時期。故孫武之兵家著述稱為《吳孫子》，而孫臏的著述稱為《齊孫子》，以示區別。

孫武處於春秋晚期，他的軍事思想與當時社會的經濟情況是分不開的。

春秋時期除了青銅器製造的工具進步迅速以外，並有鐵器產生。春秋晚期的冶鐵鑄鐵技術已相當進步，已有「塊鐵法」和用「鑄鐵」鑄造的鐵器。同時已出現用牛耕田，孔子弟子中有叫冉耕（字伯牛）和司馬耕（字子牛）的。再加上用鐵犁耕田，使「私田」的開墾大增，也加強了戰爭的物質基礎，戰爭的規模也擴大了。

孫武祖先在齊國，懂得收買民心。即田氏家族以「大斗借出，小斗收回」，所以孫武主張「王者之道，厚愛其民」。但春秋時期，戰爭頻發，於是《孫子兵法》成為當時備受重視的軍事要籍。

十萬之師　日費千金

孫武到了吳國，伍員為急於伐楚報仇，曾一天之內向吳王推薦他凡三次。吳王早欲鏟除逃到楚國的王僚家族，以剪滅其心腹大患，便要孫武將其所作的紙上軍事理論作一實地試驗。歷史上膾炙人口的「美女練兵」故事，就在此時發生。

當時吳王撥出宮中美女一百八十名交給孫武當場指揮。孫武將之分為兩隊，各以吳王愛姬任隊長，雖經多次叮囑，操練時不得戲鬧，但美女們一再捧腹大笑，毫無軍紀。吳王事先已同意孫武嚴肅治軍的原則，答應孫武如婦女們因兒戲而受處罰，決不後悔。結果，兩位隊長因違反軍紀而被處斬後，繼續練兵時，紀律井然有序。

吳王遂任命孫武為將軍；吳國也因此西破強楚，威震齊國。

孫武認為發動並指揮一場戰爭，最重要是配合好本國的經濟條件。譬如準備用「十萬之師」，目的地有多遠，需要多少戰車、裝備和糧食，都要事先計劃好。沒有充足的資財實力，就無法打有把握的勝仗。要在戰場上獲勝，是否有能力「日費千金」，主要靠一國之物力財力的基礎。戰爭本來就是一種金錢的競賽。

孫武主張不戰而能屈人之兵，不用一兵一彈，就打勝仗，才是上上之策。

孫武有兵法十三篇，是中國第一部兵書，其後的中國軍事學家如吳起、孫臏等人，無不受其影響。日本人譽《孫子兵法》為「東方兵學的鼻祖」；傳說拿破崙在戰爭中也常讀《孫子兵法》。至於前幾年波斯灣戰爭中取勝的美軍將領熟讀《孫子兵法》，那是眾所周知的事了。

取敵之利　因糧於敵

孫武認為要取得戰爭勝利，端賴於一國的經濟實力。主要是看該國疆域的大小、物產的富庶與否以及人口的多寡，由上述三者形成國力的強弱。

春秋時代的強國能稱霸者，如齊、晉、秦、楚、吳、越，無不具備上述優異的條件。有了上面三個經濟條件，然後再看軍隊人數的多寡、武器的優劣以及軍隊的訓練及素質，還有將領的領導才能。孫武也主張在作戰中要做到「取敵之利」，意即要在戰場上奪取敵方的武器以為己用，使自己的武器在損耗及不足的情況下獲得補充。例如奪得敵方的戰車便可插上自己的旗幟，並將之納入己軍的編制中，加入戰陣的行列；奪得其他的刀矛即可馬上應用。但這點在現代戰爭中實行則有困難，因所用武器形制大小不同，性能各異，要想奪取敵軍武器立即應用，恐不可能。

由於戰爭時運輸困難，尤其遠道運輸，使百姓疲於奔命，各種軍需物資的大量消耗，易使百姓財物枯竭，軍賦徵收不易。故孫武主張「糧不三載」，意即不可一而再、再而三地將民間糧食運送到前線去。而應該「因糧於敵」，便是要食用敵方的糧食。

孫武認為「食用敵方的一鍾糧食，相當於自己的二十鍾；食用敵方的一石牲口飼料，相當於自己運去的二十石」。原因是一方面可以減輕長途運送的勞力，大量節省人力物力；另一方面則可削弱敵方的作戰能力，消耗其物力。《左傳》記載，公元前五〇六年，孫武率吳軍擊敗楚軍，便是奪取楚人糧食，攻入了楚國的郢都。

有備才開戰　立功可得獎

孫武認為作戰之前，必須先有一個周詳的計劃，精密地計算，才能有戰勝把握。不然，便無法戰勝敵人。

他舉了一個實例——如果要動用一支十萬人的軍隊，便需要配備快速戰車一千輛（每輛戰車用四匹馬拉）；輜重車一千輛，準備千里運送糧草；還有國內外的各種費用、外交人員的開支、器械彈藥的補充維修費用。這樣的一個總預算，一天總得耗費一千鎰的銅幣，才能使十萬軍隊順利出戰。

照孫武的意見，一個國家不應輕易發動戰爭。如果經濟實力不夠充裕，卻好窮兵黷武，恣意炫耀其武力，搞到民窮財盡之時，必會自食其果。

尤其是長期入戰，如果泥足深陷，對國家是絕對沒有利益的，只有被拖垮為止。一個真正懂得用兵的人，決不經常抽徵壯丁，也不經常運送糧秣。武器裝備固然由國家供應，糧秣卻應在敵國就地取得，如此才是制勝之道。

接近軍隊駐紮的作戰地區，必定會造成物價高漲；通貨膨脹造成人民財物枯竭，財物枯竭就會促使政府加徵賦役。孫武曾這樣說：「獎賞可使作戰的士卒勇氣倍增。」孫武主張要獎賞最先奪得敵軍戰車的士卒。

修道保法　寬田輕稅

孫武不但是一位卓越的軍事家，而且也是一位見解高明的政治家。他避難吳國，受到吳王闔閭的重用，他便向吳王提出要進行政治改革。

一個善用兵的人，要能「修道而保法」。孫武之所謂「修道」，就是要國君推行開明的政治，使老百姓都擁護，也要使領導人與人民的意見相合。主帥如能做到「視卒如嬰兒」、「視卒如愛子」，士卒便會赴湯蹈火，決不推辭。君主治理國家何嘗不然。

公元前五百多年，孔子在泰山腳下聆聽一位遭遇悲慘的婦女投訴，她指出當時的魯國「苛政猛於虎」。當時晉國也「盜賊充斥」，鄭國也是多盜之秋，南方的楚國也是餓殍遍野。孫武及時提出「修道」的主張，就是主張減輕對吳國人民的重稅盤剝，要寬待百姓。

孫武所提出的「保法」，就是要在軍事、政治、經濟各方面建立完善的制度。例如職務升降要公平，賞罰要嚴明，以及各種軍需物資諸如糧草、服裝、薪餉、車輛、馬匹、武器等項的管理與發放，都要有健全而嚴密的組織。

為了要使諸侯和卿大夫富強起來，孫武更強調要實施「富民」的措施。

從銀雀山漢墓發掘出的竹簡上，記錄了孫武和吳王闔閭的對話。對話中孫子提出了寬田政策，每戶授田百畝（周制——六尺為步，百步為畝），因為地過少，在當時已不能滿足農民要求。

孫子也主張「輕税」，要免除十分之一的徵税，務使「公家貧」而人民富。孫子也主張管理百姓的士大夫官吏要減少，作戰的將士也要精簡，如此才能使國家富強。

「愛民」「富民」者可得國

孫武也提出「休民」的主張，就是要讓人民休養生息，不任意濫用民力。頻頻征戰決非好事。孫武也提出要人民廣種穀物，一方面使人民可以過富裕安定的生活，另一方面使後方有足夠的糧食可以供應前線作戰的需要。

根據孫武與闔閭的對話記錄，孫武預測晉國六卿紛爭，認為范、中行及智氏先亡，韓、魏次之，唯有趙氏獨存，因為趙氏能

「愛民」、「富民」。雖然結局是趙、魏、韓三家分晉，但孫武預測的也大致符合事實。

孫武雖然講的是兵法，其實這些軍事理論同樣可運用於工商企業的經營和市場的競爭中。《孫子兵法》中有很多警句，例如：「知己知彼，百戰不殆」；「攻其無備，出其不意」；「避實而擊虛」；「百戰百勝，非善之善者也；不戰而屈人之兵，善之善者也」；「投之亡地然後存，陷之死地然後生」。這些警句，無不可運用於商場競爭之中。例如酒樓飯店林立的地區，你也來開一家，成功反而比較容易，你只要烹調美味可口，比人勝一籌，但收費並不比別家貴。這就是「知己知彼，百戰不殆」了。

孫武四十一歲時，見吳王闔閭沉迷於酒色，日益驕橫，也不聽臣屬勸諫，他便託辭回國探親，退隱山林，傳說活到七十多歲。也有人說他真的回到故鄉，與親人共享天倫之樂。

孫武的兵書，不只為今日歐美兵家所重視。傳說拿破崙戰時也常讀《孫子兵法》；第一次世界大戰的發動者德皇威廉二世後悔沒有讀《孫子兵法》，因此招致失敗。

司馬穰苴

同甘共苦　三軍歸心

齊國軍事學家司馬穰苴，略早於孫武。他胸懷韜略，才華出眾。傳説他是齊景公時人。亦有説他是戰國齊湣王時人。

有一次，魏文侯問李克道：「吳起是怎樣一個人呢？」李克答道：「吳起貪財而好色，但談到用兵，司馬穰苴還不及他呢！」《史記》上有此記載，可見司馬穰苴當時的知名度是相當高的。

《晏子春秋》也記載了一個故事：某次齊景公飲酒作樂，一時興起，要到晏子府上同樂，但晏子並不領情，親自站在門外擋駕，説自己並非這一類人，陪主上同享酒醴之味，金石之聲者，當是另一類人。景公便帶下屬移師去司馬穰苴府上，司馬持戟立於門外，亦拒絕了。景公不得已再轉赴梁丘據府上，梁氏操瑟攜竽迎之，景公大樂。景公信任嬖臣梁丘據，但齊國之幸能不亡者，因有良臣晏子及司馬穰苴輔佐故也。

《史記》說司馬穰苴是陳國公子田完的後裔。田完逃到齊國時，正是齊桓公十四年。穰苴可能是田完後第四、五代的子孫了。所以亦有人稱他為田穰苴的。

穰苴治軍嚴，但對部下士卒的生活起居非常關心愛護。大軍出發時，他摻雜於部隊之間，來回走動。他關心士卒的住宿情況是否適宜，飲食條件是否理想；士卒有疾病，他加以慰問並給予最佳醫療；他把自己擔任將軍所得的俸祿與食品，全部拿出來與士兵共享，他自己所分得的糧食與最羸弱者相似。因此贏得了三軍之心。此種與士卒同甘共苦的精神，促成了高昂的士氣。

俸祿與士卒分享

公元前五二八年正是齊景公二十年左右，因宿怨而使晉、燕兩國攻伐齊國。晉軍已到阿、鄄（今山東陽穀、鄄城）一帶，燕師亦入侵到河上（今河北滄州和山東德州）一帶。齊師屢遭挫敗，形勢危急，景公大驚。

晏嬰心中亦急，想推薦田穰苴出來領兵解救，又頗為猶豫。因當時田氏在齊施惠人民，甚得民心。如再讓穰苴出任將軍，田氏勢力將更大，晏嬰擔心姜氏的齊國將為田氏所篡。但大敵當前，理宜以國家利益為重，把家族鬥爭之事擱置一旁。於是毅然向齊公推薦了文武兼全的穰苴。

景公立刻召見穰苴，相談之下，知穰苴十分了解當前形勢，便立刻封其為將軍，命其率軍抗敵。穰苴自知本為一介平民，突然被封為顯赫大將，恐未能得人心，便要求景公派一寵臣作為監軍，以便順服軍心。

景公任命花言巧語的莊賈為監軍，穰苴明知不當，但也不便拒絕，便邀約莊賈明日正午在軍門會面。但監軍莊賈翌日並不準時到達。穰苴大怒，教訓他：「將受命之日應忘其家，臨軍整隊應忘其親，操桴擊鼓應忘其身。」立即將莊賈按軍法處斬。景公欲救，亦已來遲一步。從此三軍無不聽命，穰苴的威望亦於是建立。穰苴斬景公寵臣莊賈，與孫武殺吳王愛姬，實有異曲同工之妙。

穰苴退晉燕之師後歸國，到了國都臨淄郊外，解除了三軍的盔甲武裝，收藏好三軍的兵器，然後入國都接受景公隆重的歡迎，被封為大司馬，掌管全國軍事。世人遂稱他為司馬穰苴。司馬穰苴之能成為一位成功的軍事領導人，其秘訣之一便是將自己的俸祿與士兵分享。

《司馬兵法》也講經濟制度

田穰苴擊敗晉、燕兩國軍隊，凱旋返國後，為齊景公尊為大司馬。田氏家族地位益受尊崇，遂為國內大夫鮑氏、高氏及國氏所譖害。景公遂斥退穰苴，不久穰苴病發而死。

高、國諸族人為田乞、田豹所怨恨；其後田常殺簡公，盡滅高、國族人；及後田因齊（田和孫）自立為齊威王，大力推行穰苴兵法，因而軍威大振，使各國諸侯都來朝齊。

齊威王命當時學者將穰苴所行的軍事理論附入古代的《司馬兵法》中，號稱《司馬穰苴兵法》。這本兵書在漢代時有一百五十五卷之多。司馬遷對此書印象卻不太好，認為內容太龐雜，覺得司馬穰苴只是為一小國執掌兵權，哪裏用得着如此繁瑣的「揖讓之禮」呢？後來班固《漢書》把它納入《藝文志》的「禮」類中，稱為《軍禮司馬法》。

這本《司馬兵法》(司馬遷的稱呼)，內容雖然雜了些，但也替後人留下不少有用資料。如鄭玄注《周禮》，就引用《司馬法》來解釋周代井田制度中的徵軍賦之法。其中有解釋：古代一步是六尺，一畝是百步，一夫有百畝，一屋為三夫，一井為三屋。假如一百方里地，有萬井、三萬家的話，政府就得向其徵收「革車百乘，士千人，徒二千人」。這就是書中講到的徵收軍賦的經濟制度了。

服虔注《左傳》，也是引用《司馬兵法》，解釋了若干邑應出多少頭馬、牛，以及戈盾齊備的士卒若干名等。可惜到了唐代，《司馬兵法》只剩下數十篇，唐時人改稱此書為《司馬穰苴書》。

破釜沉舟　登高去梯

唐代的李靖認為《漢書》把兵家一類的書分成權謀、形勢、陰陽及技巧四個部門，是根據《司馬兵法》而來。有一次，唐太宗問大臣李靖道：「何以《司馬兵法》的第一篇講的是春、秋兩季的狩獵呢？」李靖講了一大番道理後總結道：「所以《司馬兵法》的首篇是『蒐狩』，實在有它的深意呀！」可惜目前的傳本已沒有這篇文章了。

司馬穰苴認為要發動一場戰爭，首先要把天、財、眾、地和兵五個條件都完善齊備才好。「財」就是「阜財」，就是要在戰爭中奪取敵方的財富以壯大自己的陣營。這與孫武所主張的「因糧於敵」相似。

為了決一死戰，為了爭取最後勝利，便要下破釜沉舟的決心。司馬穰苴主張把隨身所帶的衣服糧食都要完全拋棄，使士卒奮力拼死決鬥。這等同於孫武所提倡的「焚舟破釜」和「登高而去其梯」。既然志在取勝，對財物是不應吝嗇計較的。

司馬穰苴還討論到作戰時使用的兵器，不宜太長或太短，亦不宜太輕或太重。太長則難以侵犯；太短則不及；太輕則失之細小；太重則鋒刃不利。所以製作的兵器，其長短輕重一定要恰到好處。

穰苴還指出長的兵器和短的兵器，要互相協調，配合得宜，「長以衛短，短以救長」，使收相輔相成之效。同時輕型的兵器行動時雖然便捷，但易為敵人擊倒；但重型的兵器在展開行動時則較為遲緩，不易見功。所以兩者也要配合得好。打個現代戰爭的比方說：重機關槍陣地或炮兵陣地，一定要以自動步槍或手提輕機槍作掩護；一方面可以產生強大的威力，一方面有了安全的保障。

孫臏

精於運籌學　始創對策論

孫武的後代中，隔了一百多年以後，又出了一位軍事學家，就是孫臏。孫臏大約是孟子、商鞅同時候的人。他出生於今日山東陽穀縣一帶。

龐涓是和孫臏一齊學習兵法的同學。龐涓感到自己的智慧和才能不及孫臏，早生暗害孫臏之心。不久，龐涓在魏國受到惠王的重用，做了將軍，便想到這是陷害孫臏的機會。他把孫臏誘請到魏國來。孫臏不虞有詐，以為老同學的招呼，前程有靠。想不到到了魏國，龐涓刻意擺佈他，故意誘使孫臏觸犯當地法律，受斬斷雙足之刑，接着又用黥刑刺他的面，使他永不能見天日。龐涓自以為從此孫臏已成廢人，此後論軍事學家，便可唯我獨尊了。

孫臏受刑之後，隱居窮巷，無法再露世面。但天無絕人之路，正巧那時有齊國使者到魏國首都大梁（今河南開封），孫臏暗中與齊使取得聯絡，詳述被害經過及緣由，齊使大受感動，便秘密把他偷偷運到齊國。

孫臏於是受齊國將軍田忌的賞識，待之如上賓。當時齊國上流社會有賽馬的習慣。孫臏仔細觀察，見馬分上中下三等比賽，但貴族們擁有的馬匹，素質都差不多，因此田忌的馬匹取勝機會不大。

為了報答田忌的厚待，同時又可顯耀自己的才能，孫臏便向田忌建議賽馬必勝之道，為田忌所接納，其計策是——用上馬與別人的中馬出賽；用中馬與別人的下馬出賽；再用下馬與別人的上馬出賽。如此安排出賽，便可必勝兩次，只輸一次。結果贏得了齊王的千金。孫臏精於運籌學，近代人稱他為「對策論的始祖」。

避實擊虛　圍魏救趙

孫臏策劃賽馬取勝這件小事，使田忌對他的才華印象更深。於是推薦給齊威王，經過一番兵法答問之後，威王對孫臏的軍事理論十分滿意，遂封他為軍師。

魏惠王十七年（公元前三五四年）時，趙國征服了原來依附魏國的小國衛，魏國出兵擊趙，趙國不支，翌年向齊國求救。威王同意出兵援趙，卻封孫臏為將軍。孫臏婉辭道：「刑餘之人，不可以任將。」於是命田忌為將軍，孫臏則擔任出謀劃策的軍師。

此時魏軍已包圍趙都邯鄲。田忌欲派兵直赴趙都，孫臏以為不可，解釋道：「包圍邯鄲的魏軍，必是魏國的精銳。現在如與魏軍硬拼，必甚艱難。猶如想解開一團紊亂的絲麻，卻用拳頭去捶擊，是無濟於事的。況且我們齊軍也不宜參與魏趙兩軍的正面衝突。避開實力的衝擊，打擊其空虛無備之點，才是上策。」

田忌急忙問計於孫臏：「如何出擊才能達到擊敗魏軍以救趙的目標？」

孫臏答道：「魏軍此番出兵攻趙，必精銳盡出。魏國國內所留守者，必屬老弱殘兵。我軍可率兵直攻魏都大梁，魏軍必回師來救；同時在魏軍回師途中，於邯鄲與大梁之間的要衝桂陵，設置伏兵，殺他一個片甲不留。如此便可擊敗魏而解救趙。」

田忌遂命三軍依計而行，果然不出孫臏所料。魏軍在撤離邯鄲回師途中，為齊軍伏兵一舉殲滅，又同時解了趙國之圍，一舉而兩得。孫臏運用乃祖孫武「兵者詭道」的理論，擊敗了龐涓。

博弈論的實踐大師

齊魏桂陵之役後十餘年（公元前三四三年）。魏又聯合趙國進攻韓國，韓國向齊求救。齊威王與大臣商議應否出兵助韓。大臣張丐主張早出兵救韓，否則魏滅韓後，於齊不利。

但孫臏獨排眾議，認為如齊國出兵太早，魏國之兵未疲弊，齊軍反而做了韓軍的替死鬼，損傷必重，如韓亡，魏必向東來侵齊國；必須等到魏、韓交戰之後，我齊軍乘魏軍疲憊之際，出兵援之，一舉而敗魏軍，不但有恩於韓，又可名利兼收。

齊威王用孫臏計，並先告訴韓國使者，齊國必出兵援韓。韓國因有所依恃，乃奮力抗魏，雖五戰五敗，但魏軍亦已疲累不堪。韓軍向齊再次告急求救，齊遂出兵擊魏。

魏惠王聞齊國派田忌、田盼為將，孫臏為軍師，出兵直逼魏都大梁（今河南開封）。遂命龐涓率軍從攻韓戰場撤退，回歸大梁以抗齊軍。同時調集十萬大軍讓龐涓指揮。

此次孫臏的戰略是：齊軍進入魏國境內之後，首天造十萬士卒之灶炊飯，第二天減為五萬灶，第三天再減為三萬士卒之灶，造成齊軍一路因逃亡而銳減之假象。由於勇悍善戰的魏軍一向輕視齊軍之懦弱，孫臏就利用齊軍作戰素來膽怯的名聲智取龐涓。龐涓信以為真，以為齊軍未戰，兵已潰逃大半。龐涓遂放棄行動緩慢的步軍和輜重，率輕騎日夜追逐齊軍。一直追到孫臏設置伏兵的馬陵（今山東范縣）。夜間龐涓到了馬陵狹谷，點火把照看「龐涓死於此樹之下」的樹上大字時，四面萬弩齊發，龐涓遂自殺，魏軍亦潰敗。孫臏之獲勝，就是諾貝爾經濟學獎得主納殊教授「納殊均衡」理論的實踐。兩千多年前的古人雖不知道甚麼叫作「博弈論」，卻已在默默地實行着了。

共患難同甘苦　友誼深厚

孫臏為齊國取得桂陵之役、馬陵之役等幾次大捷後，魏國國勢日見削弱。魏國不得已於公元前三三四年率韓國等小國諸侯，前往齊國的徐州（今山東滕縣）會見齊威王，尊齊威王為「王」。孫臏遂名揚各國諸侯之間。

此時齊國起了內鬨。原來齊國鄒忌為相，早與田忌將軍傾軋不和，並且多次建議田忌率兵與魏作戰，好借魏來除滅田忌。

田忌有孫臏為軍師，屢戰屢勝，鄒忌害田忌之計落空。於是鄒忌手下有一門客名公孫閈者又想出一條毒計，派人散播田忌恃勝驕橫，準備造反的謠言。齊威王信以為真。

孫臏十餘年來和田忌結下共患難、同甘苦的深厚友誼，不忍田忌受辱冤死，遂提議田忌以戰勝魏國之兵，整軍回師進攻齊都臨淄，藉此匡正威王，逐走成侯鄒忌。田忌依計行事。但此時齊軍已兵疲馬憊，不願再戰；況且攻打自己國都，更非所願；齊都又防守森嚴。田忌不勝，遂與孫臏一同逃奔楚國。

楚王待田忌、孫臏如上賓。鄒忌用門客杜赫之計，使楚王封田忌於江南。孫臏亦在江南度過了較安逸的晚年。此時，孫臏並無參與戰爭，便與弟子們潛心撰寫《孫臏兵法》。

等到齊宣王立，知鄒忌出賣田忌，乃再召田忌為齊國將軍。司馬遷的《史記》亦有「宣王用孫子、田忌之徒」的記載。此時正值齊、秦兩國稱強而爭奪燕趙。

不久，秦國出兵伐韓、楚；田忌向齊宣王獻計，只用三十天的日子，一舉攻下了燕國。此時孫臏亦再次出山，已是年逾六十的老軍師了。

兵弱糧缺亦可取勝

《孫臏兵法》本來已經是一本失傳的兵書，世人只聞其名，不見其書，當它是一本「夢幻的書」。幸而近年在山東省臨沂縣銀雀山漢墓中發掘出《孫臏兵法》的竹簡二百三十二片，雖然殘缺很多，但總算保留了不少。

孫臏主張攻擊而不重防禦。有一次將軍田忌問他，用兵最重要的是甚麼？賞？罰？權？勢？謀？詐？連問了五六次，孫臏都否定。田忌有些不悅。孫臏才答以「攻擊才是最重要的，除非處於劣勢，才改採防禦」。孫臏為救趙而出兵攻擊敵軍的根據地魏都大梁，其故在此。

孫臏認為行軍作戰沒有一定不變的有利形勢。要視敵方的力量及客觀的條件，然後採取因應的戰術，始可以少勝多，以弱敵強。

作戰要講求「勢」。孫武說：「善戰人之勢，如轉圓石於千仞之山者，勢也。」孫臏深為同意。他以弓弩發射時之勢作比喻，唯有用「勢」才可以破強敵、取猛將。

在兵力與糧食不足的情況下，孫臏認為只要戰術運用得宜，亦可取勝。例如——

步兵足，但戰車部隊只有敵方十分之一時，要擊破對手的話，就要在險阻之處佈陣，避開平坦之地的敵方優勢兵車。

如果己方戰車充足，但步兵不足，則須避開險阻之地，誘敵軍至平坦之地決戰。

又如糧食、武器、彈藥均感不足，同時補給困難，且敵方兵力勝己方十倍，此時作戰，應採用乘虛攻擊之法。

如敵軍極強大，亦可取勝，其法是表示自己無抵抗力，讓對方驕傲自滿，再乘敵方疏忽無備時乘機出擊。

雄城易守　牝城難守

有一次，田忌問孫臏道：「賞罰是否兵學上的急要之務？」孫臏回答說：「賞罰並非兵學上的急務。賞只是令大眾喜悅，使士卒鼓勇拼死；罰所以正亂，使部下畏懼，有助於戰勝，但並非急務。」接着孫臏也否定權、勢、謀、詐是作戰的急務。孫臏重視的是戰略的進攻。在當時戰國物質經濟基礎相對比春秋時期豐盛的情況下，「統一中國」是當時政戰家共同的主張。所以「必攻不守」是合乎當時時代潮流的一致見解。

戰國時代，城市普遍興起，當時千丈之城、萬家之邑、七里之郭已普遍興起。這些城市已是當時政治、經濟、文化的中心。交戰雙方以攻守城池作為勝敗的標誌，城被攻破者為敗，攻佔敵城者為勝。當時燕將樂毅攻齊，將所有的城池都攻破了，唯有莒和即墨攻不下。後來齊將田單利用即墨的人力物力，並用火牛陣大破燕軍，收復了齊國失地。所以城池的攻守戰在當時十分重要。

《孫臏兵法》中有一篇《雄牝城》，專門論述雄城和牝城在攻守中的特點。

孫臏把前有深谷、後有高山的城稱為「雄城」，認為這種城難以攻取；或者城內高、城外低的也叫「雄城」，城內有丘陵的也叫「雄城」，都是難以攻取的。反之，四周有河澤包圍，或者高山環繞但卻沒有深谷和丘陵的稱為「牝城」；或者前有高山後有深谷，即前高後低的城也叫「牝城」；這些「牝城」都很易攻取。

總之，雄城是有險可據，難攻易守的；牝城是無可據守，難守易攻的。孫臏配合當時的武器裝備和經濟條件而定下攻城的策略，這可算是一種運籌學。

運籌帷幄中　決勝千里外

要取得戰爭決定性的勝利，孫臏認為首要是了解對方，即掌握對方的資訊。所以他特別強調要搞清楚「敵人之政」、「敵人之情」、「敵人之將」及「敵人之士」。這就是所謂知己知彼，才可取勝。

既了解敵情，還要進一步了解敵方的地理環境。例如敵方城郭的大小，道里的遠近，周遭的山水、川谷、丘陵甚至一草一木，均得調查觀察瞭如指掌，然後才可發動戰事，行軍襲邑。

孫臏特別重視了解地理環境，因為自己居生地，才能攻擊敵方的死地，以達致取勝於敵的目的。

孫臏認為可以預先測知戰爭的勝負。

一位頭腦清明的將領，在未開戰以前，便能預見勝負，猶如見到日月一樣。在未有把握取勝前，決不輕舉妄動，一定要等到「以水勝火」般的成熟程度，才可開啟戰端。

如何預測勝負呢？首先比較敵我兵力的多寡，一般情況下，密集眾多的兵力將戰勝稀疏寡少的。

所處地形的優劣，也可預測戰爭的勝負。例如在敵軍的下游佈陣，面對森林佈陣，渡河後即刻佈陣，面向丘陵地帶佈陣，這都是無法取勝的。

可以埋置伏兵的地點：可以佈兵於高地左前方的陣地，在山的南面佈陣，向北流的河川佈陣；即佔據對自己有利的地形佈陣，便可取勝。

但孫臏認為，作戰勝利，固可使滅國復興，但戰敗則有削地亡國之危。喜好戰爭者，必遭恥辱，甚或亡國。故戰爭不可輕易發動。

吳起

避免與富國交戰

吳起，衛國人，是曾子的學生，一位善於用兵的軍事學家。他曾經在魯國任職，有一次齊國派兵侵魯，魯國國君本想用他為將，但考慮到他的妻子是齊國人，便不敢用他。吳起知道這是一次出人頭地的好機會，便殺死妻子，以示與齊無連繫，魯王遂用他為將，終於擊退齊軍的侵略。

唐代詩人罵他薄情寡義，不守孝道。詩道：「昔有吳起者，母歿喪不臨。」其實，按照實情，是情有可原的。原來吳起離開衛國，前往魯國投師曾子門下時，對母親發誓說：「母親啊！我吳起如果不能當上公卿將相，就決不再回衛國家門。」

吳起到了魯國，即拜曾子為師。但不久母親病故，吳起為了信守誓言，便沒有回衛國奔喪。曾子重孝道，便與吳起斷絕師生關係。

因此，吳起後來才在魯國改習軍事學。所以，吳起的不奔喪是值得諒解的。

但魯國人惡意中傷他，說他是一位殘忍成性的人，竟然可以殺妻，又不理會母親的喪事。重用衛國的殺人犯，也會傷害與衛國之間的友誼。所以，他擊退齊軍後，終於為魯國國君所辭退。

吳起精於軍事學識，他提出在下列六種情況之下，應避免與敵軍交鋒。

第一種情況是敵方土地廣大，人民殷實而富足（中國八年抗日戰爭，破壞了日本軍國主義者的速戰速決計劃，使日軍泥足深陷而戰敗，就是因為中國的幅員廣大）；二是敵方上愛其下，普施恩惠；三是敵方賞罰及時；四是敵方能任賢使能，戰士按戰功升級；五是敵方兵多將廣，武備精良；六是敵方有外國鄰邦的援助。足見吳起的思慮精密。

上愛其下　惠施流佈

吳起離開魯國，決定投奔求賢若渴的魏文侯。魏文侯知道吳起前來魏國的目的。他先向大臣李克徵詢意見。李克答以吳起此人有缺點，即好名而貪慕女色；但其優點是善於用兵，連司馬穰苴也有所不如。於是魏文侯大喜，便任用吳起為將，先命他率兵攻打秦國，吳起一舉奪下五城，戰果輝煌。

吳起統率軍隊，能與士卒共甘苦。他的伙食和穿着，和最低級小兵相同，晚上睡覺不用牀鋪，白天行軍不騎馬乘車，自己背負包袱與器械，從不讓下級服侍他。

士卒有疾病的，吳起必親加慰問；有生毒瘡腫瘤的，竟蹲下替患者用口吸出膿液。

某次，有一位做母親的知道吳起為他的兒子吸出毒瘡膿汁，不禁悲從中來，失聲痛哭。

旁人驚問此老婦：「既然將軍為你兒子吸出毒汁，感激也來不及，何以痛哭呢？」老婦道：「你有所不知，往年吳將軍曾為我的丈夫吸出膿汁，我丈夫為了報答此大德厚恩，戰爭時捨命以赴，終於戰死沙場。現在吳將軍又用這一套對待我兒，我安得不擔心痛哭呢？」

其實，吳起待士卒如自己子女，自己實踐了對下級普施恩惠這一條，軍隊怎能不打勝仗呢？吳起知而能行，當然勝券在握了。

魏文侯知吳起帶兵有方，為人清廉公正，深得士卒的擁戴，知道可以託付他以重任，便升他擔任西河戰區的最高統帥，讓他去對抗西邊的秦國和南部的韓國。

有文治武功　欠協調內外

魏文侯去世，其子魏武侯繼立。吳起繼續效忠，仍任西河守。

有一次，魏武侯與大臣們乘船沿西河而下。船到中流，武侯見山河險阻，不禁讚歎地轉身對吳起說：「這壯麗的山河，堅固有如銅牆鐵壁，真是魏國之寶啊！」

吳起並不同意，說：「一國的政權是否鞏固，並非靠山河的險要，主要是靠國君以德治天下。例子俯拾即是——古時三苗所管轄之國，左有洞庭湖，右有彭蠡湖，山河是險要了，但國君不知修德，致為大禹所滅；又如夏桀所擁有的國土，有黃河濟水，又有泰山華山，其南北兩面，更有伊闕之固和羊腸之險，屏障是足夠了，但夏桀暴虐不修仁政，終為商湯放逐；商朝至紂王，其國疆左有孟門，右有太行，北有常山，南有黃河，但天險不能挽救他苛虐百姓的罪行，卒為周武王所殺。所以，王上如不肯進德業，修仁政，朝廷的大臣也會背叛你，和你作對，縱有固若金湯的城池，又有何用呢？」

武侯聞言，連連點頭稱善。

吳起任西河守，政績卓越，名聲亦佳。可是魏國每有宰相空缺時，吳起自以為有希望，卻偏偏輪不到他。田文拜相後，吳起心中不服。認為自己率領三軍，士卒樂於效死疆埸，使敵國不敢圖謀；治百官，親萬民，使府庫充實；守西河，使秦不敢東侵，韓、趙鄰國相安無事。這些田文都自認不如吳起。但武侯年少，大臣未附，百姓不信，正需要一位大臣協調內外，這一點吳起承認不及田文了。

升官厚賞　維繫軍心

吳起的軍事理論，極為重視軍人的素質。有精銳的士卒，才是制勝的關鍵。

軍隊中一定要有一批力能扛鼎、膂力過人、奔跑快捷如戰馬的勇士，這樣的戰士必能斬將搴旗。領導對這樣的戰士，一定要選拔出來，特別加以愛護看重，因為他們是全軍命運所繫。

還有，善用各種武器的戰士，他們健碩快捷，是堅強戰陣中不可少的中堅分子，力足以與敵人持久周旋。殺敵取勝，全靠他們。指揮的三軍統帥一定要特別重視他們，給他們升官加爵，還要厚待他們的父母妻子兒女，以重賞鼓勵他們沙場立功。

人的要素在博弈論中是最為重要的，吳起已體會到這一點。一間大工廠，一個大企業，領導如果用人唯才，業務必能突飛猛進，獲利必豐；猶如上戰場用精鋭之師，必可取勝一樣。吳起亦極為重視判斷敵情，亦即孫子所謂「知己知彼，百戰不殆」。如果探測之後，發現敵方有下列情況之一者，便可毫不猶豫地向敵人採取攻勢了。

這八種情況——一是寒風冷冽，敵軍日夜趕路，剖冰渡水，而領導卻不體恤戰士；二是大熱炎夏，毫無休息，餓着肚子行軍作戰；三是駐軍日久，糧食匱乏，百姓怨怒，而在上者不能平息災難；四是軍用物資用盡，糧草不足，天常陰雨，亦無法掠取敵方物資；五是兵少馬疲，水土不服，易患病疫，救兵不至；六是天黑路遠，士卒睏餓解甲而睡；七是將領失威信，士卒心慌，援助無望；八是陣營未穩，行軍於險途，駐紮未定。凡敵軍有上述情況之一者，趁機發動進攻，不必猶豫。

以少勝多　以逸待勞

吳起是十分懂得運籌學的政戰學家。敵軍在某一種情況下，己方可用少於敵方的兵力出戰而取勝。他曾假設了幾種敵情。

例如，敵方投入大量的兵力，聲勢是浩大了，但卻兵多將廣而漫不經心，軍旗亂而不整，士卒精神分散，軍紀鬆懈。如此麻痹不靈敏的軍隊，只要用相當於敵方十分之一的軍隊施以突襲，便可消滅對方。

又如察覺到敵方沒有鄰邦友軍助陣；或敵國君臣之間時有磨擦；或敵方的防禦戰壕未建造完成；或敵將統率三軍，號令猶疑不決，軍心渙散，正處進退躊躇之際。此時，己方只要準備相當於敵方一半的兵力，便絕對有把握戰勝對方。

另一方面，敵軍如出現下列情況之一，便是出擊的好時機。

敵軍遠途剛到，尚未安頓妥當時；敵軍剛用膳完畢而尚未作好戰鬥準備時；敵軍在行進途中時；發覺敵軍勞累辛苦時；敵軍尚未佈置好有利陣地時；敵軍失去攻擊我軍之機會而轉為劣勢時；敵軍遠途跋涉而未有充分休息時；敵軍渡江（或渡河）過半時；敵軍正處於崎嶇險狹的山路中時；敵軍旌旗歪倒不整時；敵軍佈陣紊亂，變動不定時；敵軍將帥遠離，士卒無人指揮時；敵軍心懷恐懼於作戰時。

我軍如遇到敵軍上述情況之一，則馬上選拔精銳出擊之，使敵軍無法招架，則我軍必勝無疑。

精確估量敵軍的情況，己方再有妥善的因應之道。吳起充分應用了運籌學，其勝利決非是倖致的。

重賞出勇夫　作戰貴決斷

一支戰無不勝的部隊，絕對要實施賞罰嚴明的制度，要重賞勇於出擊旳戰士，但對膽怯怕死甚至逃亡的士兵必須處以重刑。

吳起認為如果賞罰不嚴，號令不明，則統帥鳴金時不能收兵，擊鼓時三軍不肯進攻出擊。縱有百萬大軍，又有何用？

軍隊在平時如有嚴格的訓練，戰爭發動時必勇猛無比，銳不可當——前後進退有據，隨時處於備戰狀態，有高度的團隊凝聚力，必是一支所向披靡的「父子兵」。

吳起主張一面偵察敵軍的動態，一面要對自己的士卒有適當的照顧及妥善的調度。例如行軍時要讓士兵休息，不可過勞；讓士兵飲食定時，糧草充足，不讓兵馬胡亂消耗體力，做到兵壯馬肥。如此才能使下級服從上級。

如果人馬困倦，飲食不飽，也沒有讓人馬卸甲解鞍休息的機會。則平時已軍紀蕩然，上級命令無法執行，安得不戰敗呢！

凡兩軍作戰之地，必是死亡之所。如抱必死之決心，則生存機會反而增加；如抱着畏懼偷生心理，則倖存機會更微。此即孫子所謂「置諸死地而後生」也。

一位善於帶兵的將領，帶兵上陣時，猶如坐在漏水的船上、處於燒着火的屋簷下。在這種情況下，一定要有急智，能隨機應變，快速決定迎敵的策略。多疑而猶豫不決，是兵學上的大忌。災難往往因猶疑而發生。

尉繚子

五穀充腹　絲麻蓋身

尉繚子是中國戰國時代繼孫臏和吳起以後的一位重要軍事學家。大概在公元前四世紀中葉時，梁惠王常向他請教軍事學上的問題。

梁惠王當時最喜歡的一本書是「黃帝天官書」，但這本書說的多是陰陽吉凶、命運占卜之類。尉繚子就糾正這種見解，要梁惠王憑藉自身努力，而並非依靠僥倖。

尉繚子認為，建立一座城池或一個國家，要靠土地、人口和糧食三者平衡發展。猶如組織一個企業或建立一所廠房，必須選擇一個適當的地點作為廠址，並要招攬一批有才智能力的人才來辦事，同時要有一筆資金來購買原料及支付職工薪金。

上述三者中，土地和糧食有着不可分割的關係，土地是糧食之母。積存糧食才可使戰爭時前後方的軍民不虞匱乏，勝利才有保障。

尉繚子認為，激勵士氣之道，首先要使人民衣食豐厚，戰時的兵馬要配給足夠的糧食。所謂「人食粟一斗，馬食菽三斗。人有飢色，馬有瘠形」，指的是每月糧食配給量的不足。

堯治天下時，有一次微服出巡，在田間看到一位老農夫，袒露着肚皮作為鼓，愉快地唱着歌說：「日出而作，日入而息，鑿井而飲，耕田而食，帝力於我何有哉？」堯看到如此情景，因而讚歎道：「老百姓豐衣足食，社會安定無憂。」便老懷大慰地回宮去了。

男女各司其職，春夏時男子耕於田畝，秋冬時女子織於布帛，則可以有五穀足以果腹，有絲麻足以蓋身。

萬乘的大國，致力於農業經營，才可籌足充實的軍備。

良馬靠伯樂　賢士遇明主

尉繚子談軍事學，特別重視人力資源。他認為，一場戰爭的獲勝，並不單憑運氣，更要靠人的智慧。猶如對一個企業的經營，需要靠人的勤奮，並且運用羣體的智慧始能有成。

為確保能培養優秀的人才，一個國家要選賢任能，經營一個企業何嘗不然。

姜太公呂尚，年屆七十歲仍壯志未酬。現在，世人的平均壽齡提高了，但古代則是「人生七十古來稀」。他年逾七十歲，仍在朝歌（今河南省淇縣北）宰牛，在盟津賣食為生。人人視之為狂徒一名。及至他遇周文王，始能大展所長；率三萬之眾，一戰而滅商興周。所以古人說：「良馬要有好的策騎者，才能致遠道；賢士要遇英明的統治者，才能行善政。」

尉繚子認為一位善於運用人才的將領或領導人，貴精不貴多。周武王興師伐紂，軍隊渡過盟津時，領先衝鋒的敢死隊只有三百人，全軍亦只有三萬人。紂王的軍隊數以十萬計。周武王卻一戰而勝。

話雖如此，但人事的調配與組織卻不能不嚴密。一支軍隊必先確立其命令系統。五個士兵當設立一位伍長；十人設立什長；百人設立卒長；千人設立率長；萬人設立軍長。如此完整周密，指揮起來，便可井然有序。

殺之貴大　賞之貴小

對部下的賞罰要做到公平嚴明，是尉繚子特別重視的治軍要道。他提出的治軍必勝五大要點，除了積貯糧食、選拔人才及整頓武備外，其餘兩點就是要對有功的將士予以重賞和厚祿，並對犯錯的官兵施以應得的刑罰，使部下信服。

執行死刑是為了維護軍紀；凡殺一人可激勵三軍的話，就當殺之；凡殺一人而使萬人欣喜者，亦當殺之。殺官位愈高者，影響力亦愈大，所以說「殺之貴大」。而賞賜軍中愈小的兵卒，其所起的模範作用及效果也愈大，這就是所謂「賞之貴小」。

今日世界各國政壇，不少當政者都曉得運用這一套手法。把卑微不足道的一個小人物捧上半天高，要大家去效法；把一個有地位權勢的高官拉下馬，殺一儆百。便是充分運用「殺之貴大，賞之貴小」這一理論。

經營一間公司或工廠，猶如管理一支軍隊，必須嚴格執行賞罰分明的制度；為了鼓勵員工士氣，亟宜設立獎金和花紅等措施，或者年終發雙薪。香港有些紡織廠甚至有發放多個月獎金者，分別於每年聖誕節及農曆年尾發放。這樣做，僱主絕不會吃虧。

有一次，周武王問姜太公道：「我想減少治國治軍的錯失，應怎樣做才對？」姜太公回答道：「應該賞如山，罰如谿才對。」意即對一個立功的人要給予如山般高的賞賜；而對一個犯法的人要處罰他如深谷中的溪澗那般深。公平的賞罰，加上與士卒同甘共苦的精神，那辦天下任何事情都必能成功。

雜家

呂不韋

做官發財易過經商

呂不韋是戰國末年的一位大商人，河南禹縣（古稱陽翟）人。他從各地買進便宜的貨物，再以較高的價格賣出，因而致富，累積家產千金。但他認為，要成為大富豪，做商人並非捷徑。

呂不韋少年時代曾問過他父親，幹甚麼營生可以在最短時間內成為大富，他父親給他的答案是「從政做官」。

遠的不說，菲律賓的馬可斯，南韓的盧泰愚和全斗煥，他們做了總統後，所得的財富，都是以美金億元計，可見呂不韋父親的意見很有道理。做官可以一本萬利，可以富甲天下。

有一次終於機會來了，使呂不韋念念不忘的升官發財願望終於可以實現。

當時秦常攻趙，因而在趙國做人質的秦公子子楚所受的待遇並不好。

子楚是秦昭王的庶孫，昭王次子安國君（因原太子死而被立為太子）的庶子。安國君最寵愛的妃子華陽夫人被立為正夫人，但無所出；呂不韋就利用了這一點，為日後自己做宰相鋪平道路。

呂不韋在邯鄲（趙都）做生意時，看到子楚生活十分困難，頗生愛憐之心，心中已想到子楚是一宗可以伺機高價賣出的奇貨，於是跑去見子楚說：「我能使你光耀門庭。」

子楚以為是幽默說笑而已，便答道：「你先光耀自己的門庭去吧！然後再來光耀我的門庭。」

呂不韋急忙解釋道：「我要先使你光大門庭，然後才能輪到我。」子楚此時領悟，知道話中別有玄機，便引他進入內室密談。

厚幣甘辭　終成嫡嗣

呂不韋先對子楚說道：「秦昭王年紀老邁，安國君繼承王位在即。但將來安國君立太子，必定不是你，因他有二十多個兒子，你既非長子亦非最受寵愛，而且被送到外國充作人質，當然很明顯不受重視。」

子楚焦急地問道：「先生可有甚麼高見幫助我？」

「在下想出一個辦法安排你成為太子。我願供給千金予閣下，半數作為你交際應酬親友及結交賓客之用，其餘五百金用於本人前往秦國遊說。務必使安國君及華陽夫人立你為嫡嗣，則大事可成。」呂不韋滿懷信心地回答道。

子楚甫一聽完，即刻叩頭拜謝道：「如君計成功，願意以秦國土地與君共享。」

計議既定，呂不韋隨即取出五百金予子楚運用；另外五百金則廣購珍奇異寶，以便返秦後進行活動之用。

首先，呂不韋備了一份厚禮拜見華陽夫人之姊，遊說道：「子楚在趙國，為人才智兼備，善與人處，結交達官士紳遍天下。心中最敬佩的就是華陽夫人，並日夜思念安國君和華陽夫人。」並將帶來的珍奇財寶託其姊全部奉贈給華陽夫人。

其姊受呂不韋之託，前往遊說華陽夫人道：「一個美貌女人絕不能終其生維持美色不變，一旦色衰愛弛，就會被打落冷宮。況且大王死後，你也會失勢。現在有子楚這位男孫，依例不能立為嫡嗣，其生母早被冷落。依愚計，子楚孝順溫良，善體人意，不如收他為子，在安國君面前推薦他為嫡嗣，將來也好有個依靠。你趕快決定吧！」

六百金救人質脫險

華陽夫人收到這份大禮，已經意外驚喜，加上聽乃姊的一番動聽說詞，已對子楚十分有好感，遂一口答應。

當日安國君回府，華陽夫人裝出一臉哀傷，流淚哭訴。說子楚在趙為人質，如何聰慧能幹，又如何思念安國君；意欲收他為子，將來立他為嫡嗣，好讓為妾的終生有個寄託。

安國君對華陽夫人本來已是三千寵愛在一身，見她梨花帶雨，哀哀哭求，更覺楚楚可憐，便立刻答應。即時把立子楚為嫡嗣的決定刻在玉符上，以昭信守。

接着安國君及華陽夫人賜贈一份厚禮給子楚，並請呂不韋輔佐這位未來的太子。消息傳揚到各國諸侯之間，子楚的聲名大振。

呂不韋在趙娶了一位能歌善舞的絕色美女，同居後已身懷六甲。某日，子楚來呂府與不韋同飲，見此美婦，便起立向不韋敬酒祝壽並要求割愛。呂不韋起初十分不悦；但轉而一想，既然已在子楚身上花了巨額投資，此事如拒絕，豈非前功盡棄？便轉怒為喜道：「就把這趙姬送給你吧！」趙姬隱瞞腹中已有骨肉，日後所生，就是未來的秦王政。子楚滿心歡喜，立趙姬為夫人。

秦昭王五十年時，派兵攻打趙都邯鄲，圍城孔急時，趙國欲殺子楚。幸得呂不韋慨捐六百斤黃金賄賂守城官吏，使子楚得以逃走進入秦軍營寨，然後安全返秦。趙姬母子幸得娘家庇護藏匿，得保性命。

秦昭王在位五十六年而死。安國君繼任，華陽夫人為王后，子楚被立為太子。趙姬及其子政亦安全返回秦國。

投資成功　封侯拜相

安國君即位一年而死，謚號孝文王。太子子楚繼位，便是秦莊襄王。華陽夫人尊為華陽太后，子楚生母夏姬則為夏太后。

呂不韋出錢出力，終究沒有白費，而且投資時間甚短。莊襄王一即位，便封呂不韋為丞相，為文信侯，食邑河南洛陽十萬戶。

莊襄王即位三年便死。由太子政繼位為秦王，仍尊呂不韋為相國，尊稱為仲父。

秦王政的生母，原為呂不韋所娶的邯鄲美女趙姬，為作人質時的子楚所看中，便懷着呂不韋的骨肉成為子楚夫人。

《史記》記載，這位美人趙姬當時已懷有身孕，但子楚被蒙在鼓裏。此後秦王政出生，趙姬與呂不韋心中有數，相信不會洩漏秘密。日後秦王政（即後來的秦始皇）長大，是否有人告訴他，則不得而知。但後來秦始皇曾把她放逐到雍地（今河南沁陽縣），可見對他母親的行為相當不滿。後得齊人茅焦諫勸，才把生母迎回咸陽。

話説回頭，莊襄王死後，這位趙姬成為太后。由於文君新寡，她本是呂不韋的舊愛，便兩情復熾，經常私通。名為太后，實際上是相國夫人。

相信呂不韋這一時期的權勢如日中天。他是莊襄王（子楚）的大恩人，沒有他便不會有莊襄王。秦王政年幼無知，政權當然被掌握在被尊稱為「仲父」的相國手上。當時他府中的家僮僕婢，就有萬人之多。僅此一點，其財富、地位、權勢已可想而知。

秦始皇年紀漸長，太后與呂不韋仍打得火熱，日久難免事情敗露，便會大禍臨頭。於是呂不韋想出一個避禍方法——他吸納了一位叫嫪毐的壯男為門下客，吸引太后與嫪毐私通。太后十分喜歡嫪毐，竟與他生下兩名嬰兒。始皇九年，有人向皇上告發嫪毐與太后私通之事。始皇下令嚴辦，將嫪毐夷三族，沒收家產，並處死其與太后所生二子，將太后搬遷到雍。

為顯富強　招賢著書

由於嫪毐與太后私通的事遭揭發，呂不韋當然也要治罪。始皇十年十月，免去其相國職位，要他回到文信侯的封邑河南洛陽。

齊人茅焦諫勸，認為始皇把生母逐到雍地，難免蒙上不孝之名。當時秦始皇名為統一中國，事實上各地諸侯仍各自為政，尚未與中央步調一致。此事難免引起諸侯背叛。始皇接納此議，遂把太后迎回咸陽。

事隔年餘，諸侯的門客、使者源源不斷地去洛陽拜見文信侯呂不韋，呂不韋勢力之盛仍可震主。始皇恐造反，便賜書文信侯道：「你對秦有何功勞？秦卻封你洛陽，食邑十萬戶。你與秦有何關係？竟號稱仲父。現在你當與你的家屬搬去蜀地居住。」不韋已感受到威脅，怕被處死，遂喝鴆酒自殺。

其實始皇對不韋的處罰相當溫和。先是免相，仍保留其侯爵及封邑，繼而把他從洛陽遷蜀地而已。只是不韋畏罪自殺。如果不韋遷居洛陽後，低調處理，不招引那麼多門客使者，始皇可能不會命令他遷出洛陽。

始皇十九年，太后死，謚為帝太后，與莊襄王同葬於茝陽。一代風騷太后，於此亦壽終正寢。

呂不韋一生，為名謀利，本無甚麼可說。但他完成了一本《呂氏春秋》，對中國學術思想史作出了重大貢獻，值得介紹。

戰國末期，戰國四公子禮賢下士，結交天下英豪。呂不韋以秦國富強，不甘人後，亦招請天下士達三千人。命各人記下所聞所知，輯為二十餘萬字的一本巨著，名為《呂氏春秋》。

能增減一字　賞以千金

呂不韋雖為一介商人，頭腦卻不簡單。使子楚成為太子並繼立為王，運籌帷幄，卒抵於成。他在莊襄王與秦王政兩個王朝中，協助征伐六國，奠定統一大業。

呂不韋集門下眾多文人學士完成《呂氏春秋》，包括八覽、六論、十二紀，述說天地萬物古今之事。這本巨著書成後，刊佈在咸陽城門上，並懸掛千金。公佈天下凡有人能增減其書一字者，便賞以千金。

此書的學術價值，與《詩》、《易》、《春秋》諸書不遑多讓。至西漢時，已廣泛流傳，聲譽甚高。此書雖非呂不韋親自撰著，卻由他一手主持編寫；有呂不韋的精神、思想貫穿其中，是毋庸置疑的。

《呂氏春秋》以道家思想為主，但雜以陰陽家、儒家、兵家、墨家、法家、名家、農家、縱橫家及小說家等各家之說。「雜」並非「雜燴」之雜，而是兼容並包諸子之說。可說是集戰國時代諸子學說大成之書。

呂不韋請門下客撰寫《呂氏春秋》非為自娛。他自身為秦國丞相後，為總結前代政治得失，真正想做到治國平天下，而匯集諸子之要，博採各家之長。希望以系統的敍述，作為治國的最佳準則。

該書中有一個很生動的形象化比喻，說：「天下無純白的狐狸，卻有純白的皮裘。這是因為後者能取自眾多的白毛獸皮。由於能取用於眾，三皇五帝能大立功名。」在此主導思想下，遂完成了《呂氏春秋》。

用人唯才　去私為公

呂不韋使其門下客三千人都來參加撰著《呂氏春秋》。相信不是每一位都是文人學士，其中有雞鳴狗盜之輩。所以執筆者可能只是一二十位，其他門客可能提供資料而已。但作為總編纂及出版者的呂不韋，對全書的編排整理極為精細而有條理。書中所記史實頗富人生哲理，給人以啟發性的智慧。

例如書中談及選拔人才，要做到公平正直。要像天的覆蓋萬物和地的承載萬物般公正無私。

堯有十子，卻把王位傳給舜；舜有九子，卻把王位傳給禹。這就是公正。

有一次，晉平公問祁黃羊：「誰可擔任南陽縣的縣令？」祁黃羊回答，說那位名叫解狐的人可勝任。平公驚異道：「解狐不是你的仇人嗎？你怎會推薦他？」祁黃羊答道：「你是問我誰人勝任，不是問我誰是我的仇人。」

於是平公欣然同意，就任用了解狐，民間一般輿論都認為用得好。

不久，晉平公又問誰可擔任尉的職位。祁黃羊就推薦他的兒子祁午。晉平公又覺得怪異，說：「祁午不是你的兒子嗎？」祁黃羊答道：「你是問誰可擔任尉，不是問我誰是我的兒子。」平公就任用祁午為尉，國人也齊聲贊成。孔子聽聞此事，大為讚賞道：「祁黃羊說得好。這就是外舉不避仇，內舉不避子！」祁黃羊的推薦也是公正的。

腹䵍是墨家學派的大師。他居住在秦國，兒子犯了殺人罪。秦惠王顧念腹䵍年老而只有獨子，就想免他兒子死刑。但腹䵍堅持要依照墨家的法規：「殺人者死」。終於處死了他的兒子。這位墨家大師也實行了公正。

善待下屬　必獲厚報

呂不韋認為作為一個領導，應愛護百姓，關懷下屬。寒冷時為其添衣，飢餓時予其食物，對受冷捱餓的人給予救濟，那才是行仁義。

有一次秦穆公外出，乘坐的馬車壞了。右邊駕轅的馬跑掉了，為當地農民捉到。穆公下車親自參加追尋，看到岐山的南坡有一大羣農民正想宰殺那匹馬來吃。穆公馬上想到：如果吃駿馬的肉不同時喝點酒，便會傷害他們的身體。於是賜給他們美酒喝後才離開。

一年後，秦晉兩國發生韓原之戰（戰區在今山西芮城縣）。晉軍已包圍秦穆公的座駕車。晉國大夫梁由靡已抓着穆公座車左側的馬。晉惠公的一名侍衛舉起長矛擊中穆公的鎧甲，鎧甲被刺入達六層深。際此危急之時，曾在岐山吃馬肉、喝美酒的三百多名農民在穆公馬車旁全力奮戰，拼死護主。最後不僅穆公能死裏逃生；反而大敗晉軍，還生擒了晉惠公。

君主肯施行仁德，愛護人民；人民便樂意為君主而死。春秋時，晉國有一名卿叫趙簡子，畜養兩頭稀有白騾作寵物。他的一名家臣胥渠得了重病，醫生告訴他：「要用白騾的肝才可治癒，不然會死。」於是胥渠懇求趙簡子賜給白騾肝。侍候趙簡子的董安于氣憤地說：「胥渠也真太不自量了，竟妄想要得主君的白騾，讓我宰了他！」趙簡子喝止道：「殺人為了保存禽畜，太不仁義了；殺禽畜以救活人，才是仁義之道。」於是命廚師宰殺白騾，取出肝臟，贈予胥渠。不久，趙簡子領兵攻伐狄城，胥渠率一千四百兵身先士卒，攀登城樓，取敵首級。

一人種田　養活十人

呂不韋繼承后稷「務必致力於耕織，以重教化的根本」的精神。熱心倡導農耕。

致力於農耕不僅是因為土地可以生產穀物果蔬；而且因為農耕可以陶冶人民心志，使百姓的思想趨於純樸。純樸的人民容易管治，統治者的地位便會更尊貴和鞏固。

人民專注於農耕，便無暇分散精力去做其他工作及交際應酬。

另一方面，人民專心於耕織，家產便會增多。如農戶飼養的家畜增多，財物豐厚了，就不願意遷徙，所謂安土重遷，就會將來老死原居地而不作其他考慮。

如果任意讓人民捨棄農耕而轉行，那就很難貫徹政府的法令。將來要人民防守或攻擊時，也就不可靠了。

人民如果棄農而轉向其他行業，家產便會簡單，遷徙也就容易，人民就容易萌生高飛遠走之心；此時人民亦易有詭詐多變之行為，便容易在法令上鑽空子，管治起來也就比較難。

因此呂不韋對農戶提出一系列具體的規定——要確守農時；要珍惜光陰；不到老年不得停止耕作；不是患病不准休息；從事農耕直到死日。

凡種上等（以土壤質料優劣及水源供應是否方便計）田地的，每一位農夫要能供養九個人；種下等田地的，每人要供養五人。上述供養的人數只能增加，不能減少。一人種田，要能養活十個人，飼養的家禽牲畜包括在上述要求之內，可以折合計算。總之，要求充分利用土地，不使浪費人力和土地資源。

醫家

扁鵲

知己知物　百病可治

扁鵲姓秦，名越人。戰國時齊國渤海郡鄭縣人（今河北任丘）。約生於公元前四〇一年（周安王元年），卒於公元前三〇八年。少時家境貧寒，十七歲時擔任一家小旅舍的管理員。

該旅舍有位名叫長桑君的常客，是位行醫採藥的走方郎中。由於扁鵲對旅客的招待禮貌周到，使長桑君對他十分有好感，又因為年老，就想把秘方和醫技傳授給扁鵲。扁鵲喜出望外。於是長桑君給他一種秘藥，要他用上池的水送服，三十天後便知藥效。

長桑君又把秘藏醫方也送給扁鵲，要他一切保密。自此以後，長桑君隱遁而去。扁鵲服藥後，其視力竟如今日的X光，可透視隔牆的人。換句話說，扁鵲為人診病時，竟可透視病人的五臟六腑。當然他也為病人把脈、看氣色。

扁鵲能透視人體內臟，傳説是真是假，尚不可知。但長桑君曾贈扁鵲一塊鐫刻「知物」二字的竹簡，卻是恩師教導的金石良言。意即要成為一位良醫，一定要接受並學習先輩治病的經驗，要了解人情物理，才能準確施行醫術，達致藥到病除的功效。

軍事學家有「知己知後，百戰不殆」的座右銘；作為一位良醫，也可以説「知己知物，百病可治」。

中醫和西醫各有優點，有人認為中醫不及西醫，實在過於武斷。只是有些中醫，醫術不高明，懂得些許皮毛便去行醫，又不去詳細了解病人的病情，難免有庸醫害人的情況出現。

扁鵲一面接受了師承，一面長年累月地背着藥箱，爬山越嶺，探究病因，從實踐中獲得珍貴的醫療經驗。

醫好趙簡子　賞地四萬畝

扁鵲治病，先仔細探究病人的病因，對症下藥；切實做到「知己知物」，使百病霍然而癒。他活到九十三歲，曾周遊列國治病。

由於長壽，累積了不少治病的經驗，使他的病人治癒率極高。即使他沒有 X 光般的透視目光，也能成為一位妙手回春的名醫。

有一次，扁鵲去趙國邯鄲，當地有一種不能生育的婦科病，使所有醫生束手無策。扁鵲先挨家逐戶採訪病情，歷時數年，終於把不育的難症治好了。

他也曾到東周王朝的京城洛陽。當地有尊老的習俗，但老人卻多患耳聾、目昏及四肢麻痹等症。於是扁鵲又向五官科潛心下工夫，成為「耳目痹醫」的專家。如果不實地考察病情，是絕不能成功的。

扁鵲亦曾到秦國，那裏的小童經常患流行病，扁鵲又作實地訪問，終於成為醫治兒科病情的聖手。

有一次扁鵲到了虢國（今陝西寶雞縣）。那裏正進行一樁國喪，人民哀痛得跪地向上天祈禱。原來是死了太子。

扁鵲向有關大臣詳詢死因。據一位喜好方技之術的中庶子所說，原來太子的病是血氣不通，陰陽錯亂，邪氣鬱積，內臟受損，造成陽衰陰盛，氣逆而死。

因為死去不足半天，扁鵲肯定這是「尸厥」症，認為尚可救活。於是命學生子陽準備針石，又命子豹燒熱藥物，施行灸熨術，並囑服湯劑二十天。竟救活了病人。

扁鵲也曾救活晉國大夫趙簡子，他曾五天不省人事。扁鵲憑歷史經驗，不出三天，把這病治好了。趙簡子賞賜扁鵲四萬畝地以為報。這可能是世界上診金最高的一個病例。

參考歷史經驗　掌握四診療法

中醫師傳統的診症方法，是用「望、聞、問、切」四診法。就是直接觀察病人的面色及五官的神氣，同時聽聲音、聞氣味，並詢問患者感受，用來了解病人患病情況，憑此對症下藥。

此種四診法是由扁鵲所發明的。他認為，一個病人如果「有諸內，必形諸外」。此法一直沿用至今。某次，扁鵲往齊國行醫，他有機會見到田齊桓公田午，告訴桓公其臉色不妥，不過，病還淺，只在皮肉部分，應及早醫治，易於治好。但桓公否認有病，待扁鵲走後，還對左右說，這醫生想賺錢，竟向沒有病的人打主意。

過了五天，扁鵲再看到桓公的臉色，知病情已加重，便告訴桓公，病情已進入血液，如不速治，病情將更嚴重。桓公堅決否認有病，扁鵲再次提起他有病，桓公頗感不悅。

又過了五天，扁鵲很關心桓公的病情，再去看他，告訴他已病入腸胃，不速治恐難以救治。桓公聽了，根本不理睬。

又是五天過去了，扁鵲再去看桓公。這次扁鵲一見桓公面色，二話不說，拔腿便跑。桓公覺得詫異，差人追問扁鵲何故一反往常，不言而別。扁鵲答道：「病在皮肉，可用湯劑；病在血脈，可用針石；病在腸胃，可用酒醪；但現在病入骨髓，神仙也已技窮，我更無能為力矣。」不數天，桓公果然病發而死。

扁鵲能在三天內醫好晉國趙簡子的病，就是因為他善用四診法，斷症準確；同時熟習醫案，知道公元前七世紀中葉的秦穆公也患過此病，服藥後不出三天便甦醒了。

欲追求財富　先注意健康

扁鵲三次規勸齊桓公及早治療，都是本着「病向淺中醫」的原則。可惜，桓公充耳不聽；及至病入膏肓，想醫已遲了。

扁鵲一生行醫數十年，足跡遍及戰國時期的趙、秦、虢、晉、齊及周各國，即現今陝西、河北、河南及山東等省，活人無算。

太史公司馬遷根據扁鵲的行醫經驗與原則，訂出「六不治」。

即是說，人如有疾病，在六種情況下是無法醫治得好的。

第一種不治——個性倔強，自以為是，傲慢而不講理的。像田齊桓公就是這一種人。

第二種不治——只顧拚命追求財富，忽略健康的。很多大富豪或大企業家往往患了這一毛病而不能長壽，六十多歲就去世了。

第三種不治——衣着不知增減，飲食不知節制，違背身體健康的原則。名歌星鄧麗君四十二歲猝逝，令人惋惜。她明知自己有哮喘病，本來居住氣候暖熱的泰國是對的。但據說她居住的旅館睡房開足冷氣，侍應生勸她不要開得太冷，免傷身體。她為遷就法國男友，頻說「朋友喜歡，沒有關係」，終遭不幸。這就是不注意冷暖的一例。其男友應負點責任的。

第四種不治——體質羸弱，抵受不住服藥的。

第五種不治——只相信巫術而不信醫術的。

第六種不治——陰陽相剋、氣血不足的。

扁鵲行醫，還有一特色，就是「隨俗施醫」。他到尊重女權的趙國，就專醫婦女的經血病；周人敬老，他就專醫老人的耳、目、風濕病；秦人重兒童，他就專搞小兒科。一代名醫，可惜被秦太醫令李醯設計害死，否則，他必壽逾百歲。扁鵲遺有內經、外經、脈書，可惜已失傳。